人民幣匯率變動
對中國產業升級的影響研究

劉飛宇 著

財經錢線

摘要

隨著經濟全球化的發展，世界各國的產業結構和全球化參與方式都發生了明顯的變化。以中國為代表的一大部分發展中國家在經歷了發達國家的產業轉移後，以傳統勞動密集型產業和資源密集型產業為主的傳統發展模式仍未得到根本轉變，造成三次產業間的結構失衡，傳統製造業過於發展，並在垂直專業化分工中容易出現被鎖定在全球價值鏈低端的現象。同時，匯率作為重要的價格信號，影響著一國的資源配置和產業發展進程。隨著人民幣匯率改革的加速，匯率在中國經濟發展中發揮了越來越重要的作用，人民幣匯率問題也已備受世界關注。為此，本書以當前實際有效匯率在垂直專業化分工中的形成機制為切入點，在對中國目前的產業發展狀況進行分析的基礎上，深入探討人民幣匯率變動對國內產業結構調整和全要素生產率的影響，不僅為充分利用人民幣匯率變動實現國內產業結構的優化升級和全要素生產率的提升提供支持，而且對中國制定更為合理的匯率政策和產業政策以更好地參與經濟全球化進程指明方向，具有十分重要的理論價值和現實意義。

本書遵循規範分析與實證分析、定性研究與定量研究相結合等研究方式，結合國際收支理論、國際投資理論以及匯率理論等理論學說，圍繞人民幣匯率變動對中國產業升級的影響問題展開研究。全文共分為七個章節，各個章節的主要內容如下：

第一章，緒論，明確研究目的與意義。在對經濟全球化趨勢下總體產業發展狀況進行描述的基礎上，本書提出人民幣升值的基本事實，簡要說明本書的研究目的、研究意義、主要研究方法、創新點以及主要內容的安排框架。

第二章，文獻綜述，明確本書的研究基礎和對已有文獻的可能改進之

處。本章首先對本書提出的產業升級進行界定，並主要從兩個角度，四個方面對相關文獻進行了回顧，主要包括對傳統實際有效匯率中所涉及的各項要素進行了簡要介紹和回顧；總結了前期學者對人民幣實際有效匯率的考察和分析；對匯率變動對產業結構的影響進行了詳細的分析；對匯率變動對技術進步的影響也進行了系統論述。最後，本章在總結前期研究成果的基礎上，對相關文獻進行了評述。

第三章，人民幣實際有效匯率的測算，明確垂直專業化下人民幣實際有效匯率的測算方法，並得出測算結果。本章在對匯率相關概念進行梳理的基礎上，確定使用實際有效匯率對人民幣匯率進行應用和分析。接下來，通過對增加值核算方法的有效性和可行性比較研究，本章確定將在世界投入產出表的框架下對基於增加值的人民幣實際有效匯率進行測算。

第四章，中國產業發展的演變分析，明確中國產業結構以及參與垂直專業化分工的情況和變化趨勢。本章首先從整體和地區層面分析了中國三次產業的結構特徵。在中國參與垂直專業化分工的分析中，本章對中國總體層面和分行業層面的增加值、增加值率和分工地位進行了研究。

第五章，人民幣匯率變動對中國產業結構升級的影響，明確人民幣匯率變動對產業結構合理化和產業結構高級化的作用。本章首先測算了省際產業結構合理化和產業結構高級化的相關指標，並根據推導出的匯率與產業方程以及相應的影響機制，通過迴歸分析研究人民幣匯率變動對於中國產業結構合理化和產業結構高級化的影響。

第六章，人民幣匯率變動對全要素生產率的影響，明確人民幣匯率變動對行業自身升級的作用。本章首先對全要素生產率與產業升級的關係進行了相關闡述，接下來運用數據包絡分析法下的 Malmquist 指數對中國行業層面的全要素生產率進行測算和分析，並在對匯率變動對生產率影響的機制分析的基礎上，利用測算得到的基於增加值的人民幣分行業實際有效匯率，研究了人民幣匯率變動對中國製造業全要素生產率的影響。

第七章，結論及政策建議，明確本書的研究結論和可提供的政策建議。本章首先對基於增加值的人民幣有效匯率測算、中國產業發展的演變以及人民幣匯率變動對中國產業升級的兩種表現形式的影響進行歸納總結。隨後，本章根據研究結論探討了人民幣匯率變動應有的政策含義和中國產業升級的戰略選擇。最後，本章提出了本書研究的不足之處和今後的研究展望。

根據以上研究，本書主要得到以下結論：

第一，人民幣在測算時間段內總體呈現升值的趨勢，與傳統上根據BIS框架測算的人民幣實際有效匯率指數相比，基於增加值的人民幣實際有效匯率指數上升幅度更大。分行業的基於增加值的人民幣實際有效匯率表明，中國33個行業基於增加值的人民幣實際有效匯率在1999—2011年間都出現了升值，但第一產業、第二產業和第三產業中各行業的升值空間有明顯的不同。中國傳統上可貿易品的匯率升值幅度高於不可貿易品的匯率升值幅度，其中中國工業製成品的匯率升值幅度總體高於初級產品的匯率升值幅度，與貨物貿易關係較為密切的服務行業的實際有效匯率升值幅度也高於其餘較少參與貨物貿易流程的服務行業的實際有效匯率升值幅度。

第二，改革開放後中國產業結構總體上表現出第一產業增加值比重明顯下降，第二產業增加值比重基本穩定，而第三產業增加值比重迅速上升的情況。在工業的內部結構中，從2000年開始中國重工業比重較輕工業比重開始出現持續的增加。在區域層面上，中國東部、中部、西部和東北地區的產業結構也具有明顯的區域特徵。中國在出口國內增加值上升的同時，除個別行業外，中國整體層面和行業層面的出口國內增加值率都出現了不同程度的下降趨勢，進而也導致了中國在垂直專業化分工中的地位出現了大幅度的波動。

第三，地區間的產業結構合理化指數差異明顯，從變化趨勢來看，多數省份的合理化指數呈現下降的趨勢。從高級化方面來看，省際產業結構高級化水準仍然相差較大，部分省市的產業結構高級化水準上升較快。無論在總體層面、分地區層面還是分時段層面上，人民幣升值都不利於中國產業結構向合理化的方向發展，但對中國的產業結構高級化都產生了顯著的正向影響。

第四，人民幣升值對中國製造業全要素生產率的提高整體上具有顯著的影響，但對中國資本—勞動比率不同的行業的全要素生產率提升產生了差異化的影響。其中，對資本—勞動比率較高的行業而言，由於其資本調整成本較高，人民幣升值對其全要素生產率的影響不顯著。相比之下，人民幣升值對資本—勞動比率較低行業的全要素生產率提高具有一定的推動作用。

因此，本書認為，在匯率政策的制定方面，需要從基於增加值的人民幣實際有效匯率本身的構成要素出發，形成與中國產業升級相適應的匯率制度。同時，在配套政策的制定實施方面，需要對匯率在適度升值過程中

產生的負面影響進行最大限度的消除，並制定與中國產業升級相適應的產業政策。

本書嘗試從以下三個方面進行創新：

第一，從測算方法來看，在垂直專業化分工下，忽略各國基於生產的增加值進行的貿易對其實際貿易額的影響，將使各貿易夥伴國的權重出現偏差，最終影響到本國實際有效匯率測算的準確性。同時，在垂直專業化中，各國在產品生產的每一個環節都將展開競爭，一國生產的最終產品中包含了諸多國家的物質或服務投入。因此，實際有效匯率也應當反應垂直專業化分工中真正的價值競爭，而不是整個最終產品的競爭。本書通過構建世界投入產出框架下的人民幣實際有效匯率核算體系，對人民幣的實際有效匯率進行了重新核算，並以此為基礎進行產業升級方面的研究，具有一定的創造性。

第二，從研究內容來看，傳統上對於產業升級的研究大多是針對產業結構變化的角度，且多以各產業在生產總值中的比重加以衡量。然而，產業結構升級應當包括各產業之間的比例更加協調和增加值較高的環節占據國民經濟主導地位兩個方面，即產業結構合理化和產業結構高級化，兩個指標的刻畫將對理解產業結構升級更加完善。同時，應當看到，產業升級在垂直專業化分工日趨加深的背景下，更多地表現為部門生產率的提升。因此，本書對於產業升級的研究，將從產業結構升級和全要素生產率的提升兩方面進行刻畫，從而更為全面地考察人民幣匯率變動對中國產業升級的影響。

第三，從研究方法來看，目前大多數研究主要通過時間序列的 VAR 模型、協整檢驗、Granger 因果檢驗和脈衝回應從總體上對匯率變動對產業升級的表現形式之一，產業結構升級的短期動態影響關係和長期均衡關係進行研究，而從更加細化的地區層面對產業結構升級的研究相對較少。同時，少數基於細化層面的研究也主要通過相對簡單的面板數據進行實證研究。但在本書的研究過程中發現，地區間的產業結構升級在產業結構合理化方面存在較為明顯的空間集聚特徵。鑒於此，本書將運用更為科學的空間計量經濟學研究方法研究人民幣匯率變動對省際產業結構合理化的影響。

關鍵詞：人民幣實際有效匯率；增加值；產業升級；世界投入產出表

Abstract

With the development of economic globalization, the industrial structure and the way of globalization in the world have changed obviously. After the industry transfer of developed countries, a large proportion of the developing countries represented by China have no development model change on the traditional labor-intensive industries and resource-intensive industries, which caused traditional manufacturing development excessively and easy to be locked in the lower part of the global value chain in the vertical specialization as well as structural imbalance among the three industries. At the same time, the exchange rate, as an important price signal, is affecting a country's resource allocation and industrial development process. With the acceleration on the reform of the RMB exchange rate, the exchange rate plays a more and more important role in the economic development of our country, and the RMB exchange rate issue also has attracted world attention. Therefore, start from the current real effective exchange rate formation mechanism in the vertical specialization, and based on the analysis of China's current industrial development, this paper discusses the impact of RMB exchange rate changes on domestic industrial structure adjustment and total factor productivity, which not only provide support for the full use of the RMB exchange rate to achieve the optimization of domestic industrial structure and the improvement of TFP, but also have very important theoretical value and practical significance to develop more reasonable exchange rate policy and industrial policy to participate in the process of economic globalization for China.

This paper studies the impact of the RMB exchange rate on the industrial upgrading in China by following the research methods of normative analysis and empirical analysis, qualitative research and quantitative research, and combining the theory of international income and expenditure, international investment and exchange rate. The full text is divided into seven chapters, and the main content of each chapter is as follows:

The chapter one is introduction. Based on the description of the industrial development on the whole under the trend of economic globalization, this paper puts forward the basic fact of RMB appreciation, and briefly explains the framework of main content as well as the purpose of this study, the research significance, main research methods and innovation points.

The chapter two is literature review. This chapter firstly puts forward the definition of industrial upgrading, and then reviews related literatures from four aspects, which mainly include the brief introduction and review of the elements in traditional real effective exchange rate; summaries of the investigation and analysis of the RMB real effective exchange rate by previous scholars; detailed analysis on the impact of exchange rate changes on the industrial structure and systematic description on the impact of exchange rate changes on technological progress. Finally, this chapter does some reviews based on the summary of previous research results.

The chapter three is the measurement of RMB real effective exchange rate. Bassed on the summary of the related concepts of exchange rate, this chapter determines to use the real effective exchange rate for the application and analysis on RMB exchange rate. Next, through the comparative study of the effectiveness and feasibility in value-added accounting methods, this chapter determines that the value-added real effective exchange rate of RMB will be measured in the framework of the world input-output table.

The chapter four is the analysis of the evolution of China's industrial development. Firstly, this chapter analyzes structure characteristics of China's three industries from the overall and regional level. In the analysis of vertical specialization, this chapter studies the value added, the value-added rate and the status of the division of labor from the general and the sub-industry level.

The chapter five is the study on the impact of RMB exchange rate changes on

China's industrial structure upgrading. This chapter firstly calculates the provincial rationalization and advancement of industrial structure indicators. According to the derived equation of exchange rate and industrial and the corresponding influence mechanism, this chapter studies the impact of RMB exchange rate changes on rationalization and advancement of China's industrial structure through regression analysis.

The chapter six is the study on the impact of RMB exchange rate changes on China's total factor productivity. This chapter firstly makes a relative description of the relationship between total factor productivity and industrial upgrading, and then we use the DEA Malmquist index to calculate and analyze the total factor productivity on China's industry level. We study the impact of RMB exchange rate changes on the total factor productivity among Chinese manufacturing industries by the measured RMB value-added real effective exchange rate based on the mechanism analysis of the impact of RMB real effective exchange rate on the productivity.

The chapter seven is conclusion and policy suggestions. This chapter firstly summarizes the measurement of RMB value-added real effective exchange rate, the evolution of industry development in our country and the impact of RMB exchange rate changes on the two manifestations of China's industrial upgrading. Then, according to the research conclusion, this chapter discusses the policy implications of the RMB exchange rate changes and the strategic choice of China's industrial upgrading. Finally, this chapter puts forward the shortcomings of the study and the research prospects in future.

According to the research above, the main conclusions are as follows:

Firstly, there are significant differences for the appreciation space of RMB value-added real effective exchange rate among the primary industry, secondary industry and the tertiary industry. The exchange rate appreciation of China's tradable goods traditionally is higher than that of non-tradable goods. Specifically, the exchange rate appreciation of China's manufactured goods is generally higher than that of the primary products, and the exchange rate appreciation of the service industries which has close relationship with goods is also higher than that of the other service less involved in the trade process of goods.

Secondly, the proportion of the value added in primary industry decreased significantly, which is basically stable in secondary industry and increased rapidly in tertiary industry after reform and opening-up in our country. As domestic value added increasing in exports, the value-added rate of domestic exports appears decline in varying degrees in overall level and industry-level except several industries in China, which leads a substantial fluctuation for China's status of vertical specialization.

Thirdly, there are significant differences in the rationalization index of industrial structure among regions. The rationalization index of most provinces shows a downward trend. From the advancement perspective, provincial advancement of industrial structure still has comparatively large difference. In overall level, regional level and the level of period of time, the appreciation of RMB is not conducive to the development in the direction of rationalization of industrial structure, but has a favorable effect on the advancement of industrial structure in our country.

Fourthly, the appreciation of RMB has significant influence on our country's manufacturing total factor productivity on the whole, but also has different influence on the improvement of China's total factor productivity for manufacturings with different capital-labor ratio. Due to the higher adjustment cost of their capital, the appreciation of RMB doesn't have significant impact on the total factor productivity for an industry with higher capital-labor ratio. By contrast, the appreciation of RMB has a certain role in promoting the total factor productivity for industry with lower capital-labor ratio.

Therefore, this paper argues that, in the aspect of formulating exchange rate policy, it is necessary to form the exchange rate system suited to China's industrial upgrading from the elements of value-added real effective exchange rate. In the formulation and implementation of supporting policies, at the same time, it is also necessary to make the maximum elimination in the process of negative impact for exchange rate in the moderate appreciation, and adapt industrial policy suited to China's industrial upgrading.

This paper tries to innovate from the following three aspects:

Firstly, from the point of measurement, it will make deviation to the weights of trading partners, and ultimately affect the measurement accuracy of the national effective exchange rate when ignoring the effect of real value added to the actual trade volume under vertical specialization. Simultaneously, countries will compete in each link of production, and a country's final product contains a number of materials or service investment from other countries under vertical specialization. Therefore, the real effective exchange rate also should reflect the real value competition, rather than the competition in final product. In this paper, by constructing accounting system of RMB real effective exchange rate under the framework of input and output, the RMB real effective exchange rate is restated. On this basis, research on industrial upgrading has certain creativity.

Secondly, from the point of research content, traditional studies of industrial upgrading are mostly aimed at the angle of change in industrial structure, and measured by the proportion of each industry in GDP. However, industrial structure upgrading should include rationalization of industrial structure and advancement of industrial structure. These two indicators will help to be more perfect to understand the industrial structure upgrading. At the same time, we should see that, industrial upgrading is increasingly performed as productivity improvement under the background of deepening vertical specialization. Therefore, this article will characterize industrial upgrading from two aspects of the industrial structure upgrading and the improvement of total factor productivity. Thus, we can investigate the impact of RMB exchange rate change on the industrial upgrading more comprehensive.

Thirdly, from the point of research methods, most current researches mainly study the short-term effect and long-term equilibrium relationship of exchange rate changes to industrial structure upgrading through the time series of VAR model, cointegration test, Granger causality test and impulse response in general. But there are few researches on industrial structure upgrading from a more detailed regional level. At the same time, a few research based on the detailed level is done through relatively simple panel data. But in the process of research on this paper, we found that regional industrial structure upgrading in the rationalization of industrial structure has relatively obvious spatial agglomeration. In the view, this article will use more scientific method of spatial econometric to study the influence of RMB exchange rate change on the provincial rationalization of industrial structure.

Keywords: RMB Real Effective Exchange Rate; Value Added; Industrial Upgrading; World Input-Output Tables

目 錄

1 緒論 / 1
  1.1 研究背景 / 1
  1.2 研究目的和意義 / 4
  1.3 主要內容和研究思路 / 7
    1.3.1 主要內容 / 7
    1.3.2 研究思路 / 8
  1.4 研究方法和創新點 / 9
    1.4.1 研究方法 / 9
    1.4.2 主要創新點 / 11

2 文獻綜述 / 13
  2.1 產業升級的界定 / 13
  2.2 傳統實際有效匯率解析 / 16
    2.2.1 實際有效匯率的構建要素 / 16
    2.2.2 人民幣實際有效匯率分析 / 20
  2.3 匯率變動對產業升級的影響 / 22
    2.3.1 匯率變動對產業結構的影響 / 22
    2.3.2 匯率變動對技術進步的影響 / 29
  2.4 文獻簡評 / 32

3 人民幣實際有效匯率的測算 / 35

3.1 匯率相關概念辨析 / 35
3.2 垂直專業化下增加值的核算方法 / 37
3.3 基於增加值的人民幣實際有效匯率的測算 / 41
  3.3.1 本書選用的方法介紹 / 41
  3.3.2 中國總體情況分析 / 43
  3.3.3 分行業情況分析 / 45
3.4 本章小結 / 49

4 中國產業發展的演變分析 / 51

4.1 中國產業結構的演變 / 51
  4.1.1 中國三次產業結構的演變 / 51
  4.1.2 中國產業發展的地區差異 / 56
4.2 中國產業出口的增加值分析 / 59
  4.2.1 中國產業出口的測算 / 59
  4.2.2 中國在全球價值鏈的地位分析 / 70
4.3 本章小結 / 78

5 人民幣匯率變動對中國產業結構升級的影響 / 79

5.1 中國產業結構升級的測算 / 79
  5.1.1 中國產業結構合理化的測算 / 80
  5.1.2 中國產業結構高級化的測算 / 83
5.2 匯率變動對產業結構影響的機制分析 / 88
  5.2.1 匯率變動對產業結構影響的模型構建 / 88
  5.2.2 匯率變動對產業結構影響的路徑分析 / 91
5.3 人民幣匯率變動對中國產業結構升級影響的實證分析 / 93
  5.3.1 中國產業結構升級的空間統計分析 / 93

  5.3.2 模型設定 / 96

  5.3.3 指標選取及數據說明 / 97

  5.3.4 樣本估計結果及經濟學解釋 / 100

5.4 本章小結 / 108

6 人民幣匯率變動對全要素生產率的影響 / 110

6.1 全要素生產率與產業升級 / 110

6.2 中國全要素生產率的變化和測算 / 111

  6.2.1 中國全要素生產率的總體變化情況 / 111

  6.2.2 中國製造業行業全要素生產率的測算 / 113

6.3 匯率變動對生產率影響的機制分析 / 117

6.4 人民幣匯率變動對中國全要素生產率影響的實證分析 / 119

  6.4.1 模型設定及數據說明 / 119

  6.4.2 樣本估計結果及經濟學解釋 / 122

6.5 本章小結 / 126

7 結論及政策建議 / 127

7.1 主要結論 / 127

7.2 政策建議 / 130

7.3 研究不足與研究展望 / 133

參考文獻 / 135

後記 / 147

1 緒論

1.1 研究背景

  18世紀60年代至19世紀40年代，自英國爆發工業革命開始，人類進入了以機器代替手工勞動的新階段，世界上開始出現了真正意義的國際分工。此時，國家間的貿易以產業間貿易為主要形式，古典貿易理論提出的比較優勢學說為這種貿易方式提供了理論支持。從產業間的分工格局來看，當時的工業化國家已經開始著力資本密集型和技術密集型產業的發展，而且與以中國為代表的大部分勞動密集型國家開始了大量的貿易往來。從19世紀末開始，石油產業在美國迅速崛起。遠離美國本土的兩次世界大戰都為美國石油產業提供了有利的發展契機，大量的石油生產和消費（包括出口）為美國累積起了豐富的原始資本。美國利用累積的原始資本大力發展製造業，實現了產業結構的第一次躍升，逐漸取代英國成為建立和維護二戰後世界政治經濟秩序的大國。1947年，美國製造業總生產量已占世界的53%，其中汽車、石油和鋼鐵及基礎金屬分別占世界總產量的80%、62%和57%。進入20世紀80年代以來，美國主導的信息、通信、生物、新材料和新能源等新興產業逐漸替代了傳統製造業在國內興起，而這些傳統產業已隨著跨國公司主導的跨國資本轉移到以亞洲國家為代表的發展中國家進行生產，從而實現了美國國內對核心技術的控制和產業發展在結構上的再一次躍升。

  隨著1947年關貿總協定（GATT）的簽訂，國家間的商品交換以及包括技術、勞動力和資本在內的生產要素流動日益頻繁，企業面臨的國際競爭也日趨激烈。尤其是世界貿易組織（WTO）等國際組織及地區間多邊組織的成立，對經濟一體化的推動作用更加明顯。在經濟全球化的大背景下，企業為滿足利潤最大化的經濟需求，不得不調整資源配置方式，從降低成本，包括生產成本

和交易成本的角度考察不同特徵的生產方式。20世紀90年代以來，垂直專業化分工在經濟全球化中的地位日益突顯出來。得益於生產要素的全球性流動，垂直專業化分工突破了傳統分工的局限，使得發展中國家可以參與到以發達國家跨國公司為主導而形成的新的世界經濟體系中來。產品的價值也不再局限於本身的製造階段，而是貫穿於從研發到生產再到銷售的整個價值產生過程中。正是由於創造產品價值在各個階段的分割，使得產品每個環節由最具有比較優勢的國家企業完成。當前，以美國為代表的發達國家利用既有比較優勢，在追求利潤最大化的條件下繼續加緊全球範圍內生產資料的轉移配置，將知識、技術等生產要素聚集在國內，形成了研發設計、管理服務等增加值較高的部門和環節，而將勞動、資本等增加值較低或環境約束力較強的部門和環節以國際貿易和資本的跨國轉移等形式繼續向發展中國家進行轉移。

與此同時，隨著跨國公司的產業轉移，發展中國家的產業結構和全球化參與方式也發生了明顯的變化，但與發達國家相比差距有擴大的趨勢。一方面，資金和技術的匱乏使得發展中國家長期依靠豐富的自然資源和勞動力資源承接發達國家的產業轉移，這使得發展中國家融入經濟全球化的步伐加快，但也很容易出現新的結構性失調。另一方面，由於發達國家在垂直專業化分工中多占據了價值鏈的高端生產環節，而將增加值較低的組裝加工生產環節轉移到發展中國家生產，因此發展中國家很容易出現被鎖定在全球價值鏈低端的現象。改革開放前，中國產業發展並不是完全建立在比較優勢的基礎上，為了像蘇聯一樣建立獨立完整的工業體系，主要採取了進口替代的發展戰略。而實踐證明，這一發展模式不可避免地造成效率低下，導致相關產品嚴重缺乏國際競爭力。在一個相當長的時期內，中國在承接產業轉移的過程中積極開展國際貿易，也吸收了大量的外商直接投資，明顯使中國的製造業取得了飛速發展，很快成了「世界工廠」，但背後卻出現了製造業利潤微薄，價值創造能力欠缺，並且由於過度爭取生產要素，與第一產業和第三產業發展產生了爭奪要素的情況，在一定程度上造成中國第三產業中仍以傳統服務業占據主要地位，金融、保險和科技服務等新興服務業缺乏競爭力，第一產業的現代化和工業化程度難以提升。改革開放後，在繼續實施進口替代戰略的同時，中國也開始實施戰略性貿易政策，對於某些關鍵性的產業，政府通過對其在硬件和軟件上的重點支持，使這些產業最終獲得國際競爭力。[①] 1994年國務院頒布的《90年代國家產業

---

① 林桂軍，何武. 中國裝備製造業在全球價值鏈的地位及升級趨勢 [J]. 國際貿易問題，2015（4）：3-16.

政策綱要》即提出有效調整和優化產業結構的目標。同時，中國確立了吸引外商直接投資（FDI）的發展戰略，通過制定《外商投資產業指導目錄》等文件，主要引進能夠提供國內所需的先進技術、設備和能夠出口創匯的外資。形式上，「三來一補」的加工貿易逐漸成為中國嵌入全球價值鏈分工網絡中的主要途徑。Kaplinsky 和 Morris（2006）指出，一國可能通過「低端路徑」嵌入全球價值鏈生產，但這種方式只能使本國經濟陷入貧困式增長之中，而只有通過「高端路徑」嵌入全球價值鏈生產的國家才可能提升企業的盈利能力和競爭力。

2015 年，中國的國內生產總值達到 67.67 萬億元人民幣，現價折合 10.86 萬億美元，繼續成為世界第二大經濟體。然而，當前中國等發展中國家正面臨著人口、資源等要素的轉變，部分發展中國家工資水準不斷攀升，人口紅利逐漸消失，繼續以傳統工業發展和低增加值加工貿易為主的產業發展模式很可能使中國面臨陷入「中等收入陷阱」的風險。隨著傳統內向保護和比較優勢的弱化，這些國家要繼續保持經濟較高速增長，產業發展模式的轉型升級勢在必行。要真正避免「中等收入陷阱」情況的發生，不僅需要通過資本調整、技術溢出等方式吸收更高層次的資本，進行生產要素的重新組合，在宏觀層面實現國家一、二、三次產業的合理佈局，並形成以高端製造業為主的內部產業結構的調整，也需要在商品生產過程中追求更多的價值增值，以更多的創新驅動產業發展，從而在產業間和產業內都實現產業升級的目標。

在開放經濟條件下，匯率作為國際價格信號，是一國經濟發展的重要宏觀經濟變量。從供給方面來說，當一國匯率發生變動時，將使國內外生產要素的相對價格發生變化，從而改變本國參與國際分工的成本，引起國內外資源在產業上的重新配置，最終對產業發展產生影響。從需求方面來說，當一國匯率發生變動時，國內市場得到的外部價格信號將使消費和生產過程出現調整，利潤更高的環節或部門將得到更多的資源，從而引起產業轉型升級。

自布雷頓森林體系崩潰後，1976 年國際貨幣基金組織（IMF）理事會最終達成「牙買加協議」，開始推行浮動匯率制度改革，形成了新的國際貨幣體系，全球進入固定匯率與浮動匯率並存的時期。部分國家的匯率在國際金融資本的投機下開始出現了大幅無序波動，不僅使本國在國際貿易和對外投資中面臨巨大風險，也對國內經濟發展產生了重要影響。與此同時，眾所周知，發展中國家在發展過程中經常遇到資本匱乏的問題，需要通過引進外資的方式解決困難。此時，發達國家往往遊說發展中國家開放資本帳戶，使國際資本輕鬆流入發展中國家。而在發展中國家國內金融市場條件不成熟的情況下，大量資本

流入造成本幣大幅升值，往往引起發展中國家「去工業化」現象。

改革開放初期，中國擁有大量的勞動力資源，且以低水準勞動力為主，要素價格很低，因此產品生產也多以增加值低的傳統勞動密集型產品為主。從20世紀80年代開始，直至1994年匯改前，中國通過人民幣貶值的方式基本保持了本國產品的國際競爭力。在此期間，世界銀行的數據顯示，人民幣實際有效匯率指數從1982年的271.3下降到1994年的82.6（2005年匯率指數為100）。但進入21世紀以來，人民幣開始面臨著越來越大的來自國際社會的升值壓力。一方面，從2005年7月開始，中國啟動新一輪的人民幣匯率制度改革，人民幣在各種壓力下開始明顯升值，使利潤微薄的傳統製造業受到嚴重打擊，也使長期以來中國奉行的出口導向型發展戰略受到前所未有的挑戰，三次產業的協調發展和高技術產業的加速發展勢在必行。另一方面，2008年金融危機後，中國出口加工型企業由於產品增加值較低而在國外需求大幅下降時面臨著重大生存考驗。同時，中國製造業行業的增加值不高，在規模擴張的過程中出現了資源的巨大浪費，不利於中國製造業的可持續發展。因此，中國的製造業生產率有待提升，從而實現製造業自身的產業升級。以上兩方面原因，有利於匯率對產業升級形成倒逼機制。在此背景下，本書提出了人民幣匯率變動對中國產業升級的研究問題和研究視角。

1.2　研究目的和意義

當前，發展中國家主要通過跨國公司的對外直接投資和跨國公司採用契約形式的跨國採購兩種形式參與到全球化的體系中來。一方面，國際貿易和外商直接投資的發展使得中國的產業結構發生了較大的變化，國際開放程度較高的部門可能首先得到了長足的發展，而開放度較低的部門可能發展程度也較低。中國第二產業從總量上看相當發達，但偏重於傳統製造加工業的趨勢難以在短期內發生較大改變，傳統勞動密集型產業仍然在出口中占據主要地位。同時，第二產業與第一產業和第三產業的發展水準不匹配，尤其是第二產業與第三產業沒有形成完全良性的互動。另一方面，專業化分工體系將原本各國獨立完整的生產過程進行分解，在單個國家完成網絡節點價值創造的基礎上再進行價值整合，促進了各國產業聯動發展新格局的形成。但是，這種分工體系也逐漸使各國在整個價值鏈中創造價值的地位出現結構性分化，各國在價值鏈中創造的價值差異越來越大。在這一過程中，發展中國家可能抓住機遇，積極承接發達

國家跨國公司的價值轉移，利用資源整合機制實現產業的發展和自身價值創造能力的提升，但也可能由於自身的生產率低下和對外資和外需的過度依賴出現惡性競爭擠壓等問題。

長期以來，匯率是經濟領域的核心問題之一。值得注意的是，隨著垂直專業化分工的興起，傳統意義上匯率的影響方式發生變化。在垂直專業化中，匯率在中間投入品和最終產品的價值分配上相互作用，對產品的國際競爭力的影響程度有所不同，最終反應在相關產業的結構變化中。因此，在當前中國面臨產業升級的艱鉅任務和人民幣改革備受關注的情況下，深入探討垂直專業化下人民幣匯率變動對產業升級的影響，以充分利用人民幣匯率改革實現國內產業轉型升級具有十分重要的理論和現實意義。

1. 從理論上來看，20世紀70年代以來，新古典經濟學派認為，與其他價格變量一樣，匯率作為本國商品價格和外國商品價格的相對變量，也是由其他經濟變量決定的，而匯率本身對其他經濟變量基本沒有影響，或者只具有短期「名義衝擊」的作用。1989年，「華盛頓共識」（Washington Consensus）指出過高或過低的匯率管制都將產生「匯率錯配」，並將最終導致經濟失衡。因此，應當摒棄凱恩斯主義的政策管理，轉而採用一種更加開放的匯率制度。這一政策意味著匯率作為宏觀變量無法對經濟增長產生影響，而且在當時的條件下對拉美國家和東歐轉軌國家產生了重要影響。然而，在此後長達10多年的時間裡，世界經濟發展仍然出現了許多問題，尤其是2008年金融危機的出現，使人們不得不再次考慮某些以匯率為代表的經濟變量對經濟增長產生的作用。例如，結構主義理論認為匯率對經濟增長的影響是通過影響勞動與資本之間的收入分配實現的。部分學者重點將匯率作為發展中國家的核心變量，認為發展中國家在不同階段採取不同的匯率政策將有助於促進經濟增長。李克強總理也指出，中國要在保持人民幣匯率在合理、均衡水準上基本穩定的原則下，發揮匯率對經濟結構調整的積極作用。從目前的研究成果來看，學者們從不同視角對匯率的研究主要集中在購買力平價、均衡匯率、有效匯率、巴拉薩－薩繆爾森效應等問題上，這些研究仍將重點放在匯率的外部形成機制上。此外，對於有效匯率的計算，目前大部分研究主要通過總體貿易進行衡量，這與當前實際增加值貿易下的以增加值為核心的貿易核算有所差距。因此，本書重點從基於增加值的人民幣有效匯率的測度開始，首先介紹基於增加值的人民幣有效匯率的特徵和構建方法，有助於完善一個涵蓋更為全面的人民幣匯率測算體系，更加深刻地揭示人民幣匯率在增加值基礎上的實際程度和變化規律，為中國在宏觀和中微觀層面上的匯率制度制定和經貿往來提供支持。同時，本書在對中國

產業升級狀況進行現實考察的基礎上,將研究深入到人民幣匯率變動對產業升級的影響機制中,並通過實證研究得出相應的檢驗結果,能夠更深刻地揭示人民幣匯率在國民經濟中發揮的重要作用。最後,在全球市場競爭日益激烈的背景下,國內外價格、市場、貿易、投資等因素在產業轉型升級中的作用不可忽視,而這些因素無不與匯率密切相關。在全面分析中國產業發展的特點和要求的基礎上,通過對人民幣匯率變動與產業升級之間的作用機理進行分析,研究匯率變動在促進產業轉型升級方面應發揮的作用,將有利於探索保障中國最終實現國民經濟健康、快速、持續發展的有效路徑。

2. 從現實中來看,發達國家主導的跨國資本流動和專業化分工有著深刻的本質和內涵。對中國來說,跨國資本流動和專業化分工是把「雙刃劍」,雖然使中國快速實現了從農業國向工業國的轉變並迅速融入經濟全球化的發展潮流中,但也使中國面臨著國內產業結構升級和提升生產率的雙重任務。因此,推進產業轉型升級不僅是保障中國國內產業結構協調發展的必然選擇,也是提升中國的國際分工地位的必要措施。由於匯率的變動會直接影響國內外生產要素的相對價格,並且對國家間的貿易、投資等產生影響,因此,匯率變動會對一國經濟的產業發展方式產生影響。隨著人民幣納入特別提款權(SDR),人民幣匯率在中國經濟轉型中發揮著更加重要的作用。研究匯率變動對產業升級的影響,將有利於在當前國際化分工的條件下通過深化匯率形成機制改革實現在產業發展過程中的趨利避害,從而為本國的產業轉型升級提供有效的對策。

自2012年以來,中國面臨的國內外經濟環境日益嚴峻,經濟增長從高速轉為中高速,經濟發展進入新常態。2015年5月8日,國務院正式發布《中國製造2025》,提出加速產業結構調整,促進產業結構優化升級,是中國實現經濟可持續發展、轉變經濟發展方式、改變國際分工中不利地位的迫切需要。2016年是「十三五」的開局之年,中國正處在全面建成小康社會的決勝階段,也處在轉方式、調結構的關鍵時期。在新的階段,產業轉型升級是改變中國發展方式的重要途徑,也是中國適應產業由高污染、高排放向高效化、知識化、生態化發展的迫切要求。因此,研究匯率變動對產業升級的作用,對於正確認識和理解新時期中國在全球化分工中產業發展的一般規律和外部約束,破解現階段中國產業發展的障礙瓶頸具有重要的現實意義。同時,匯率作為重要的經濟指標,是國家整體發展戰略的一部分,與本國其他各項發展戰略相輔相成。本研究對於深化對匯率在全球化分工中的認識,把握中國產業發展的機遇和風險,制定符合產業轉型升級要求的匯率政策,探討中國產業轉型升級中的匯率調整措施,提高中國國際競爭力有著重要的現實意義。

1.3 主要內容和研究思路

1.3.1 主要內容

全文共分為七章，各章的主要內容簡述如下：

第一章，緒論，明確研究目的與意義。在對經濟全球化趨勢下總體的產業發展狀況進行描述的基礎上，提出人民幣升值的基本事實，簡要說明本書的研究目的、研究意義、主要研究方法、創新點以及主要內容的安排框架。

第二章，文獻綜述，明確本書的研究基礎並進行文獻評述。本章將首先對本書提出的產業升級進行界定，並主要從兩個角度、四個方面對相關文獻進行回顧，主要包括對傳統實際有效匯率中所涉及的各項要素進行簡要介紹和回顧；總結了前期學者對人民幣實際有效匯率的考察和分析；對匯率變動對產業結構的影響進行了詳細的分析；對匯率變動對技術進步的影響也進行了系統論述。本章將在總結前期研究成果的基礎上，對相關文獻進行了評述。

第三章，人民幣實際有效匯率的測算，明確垂直專業化下人民幣實際有效匯率的測算方法，並得出測算結果。本章將在對匯率相關概念進行總結和梳理的基礎上，確定人民幣匯率的應用和分析方法，並通過對增加值核算方法的有效性和可行性比較研究，在世界投入產出表的框架下對基於增加值的人民幣實際有效匯率進行測算。

第四章，中國產業發展的演變分析，明確中國的三次產業結構特徵以及參與垂直專業化分工的情況和變化趨勢。本章將從整體層面和工業的內部結構分析中國產業發展的結構特徵，並在垂直專業化分工下分析中國總體層面和分行業層面的增加值、增加值率和分工地位等情況。

第五章，人民幣匯率變動對中國產業結構升級的影響，明確人民幣匯率變動對產業結構合理化和產業結構高級化的作用。本章將在測算省際產業結構合理化和產業結構高級化的相關指標的基礎上，根據推導出的匯率與產業方程以及相應的影響機制，通過迴歸分析研究人民幣匯率變動對中國的產業結構合理化和高級化的影響。

第六章，人民幣匯率變動對全要素生產率的影響，明確人民幣匯率變動對行業自身升級的作用。本章將運用數據包絡分析法下的 Malmquist 指數對中國全要素生產率進行測算和分析，並運用測算得到的基於增加值的人民幣行業實

際有效匯率，研究人民幣匯率變動對中國製造業全要素生產率的影響。

第七章，結論及政策建議，明確本書的研究結論和可提供的政策建議。本章首先對基於增加值的人民幣有效匯率測算、中國產業發展的演變以及人民幣匯率變動對中國產業升級的兩中表現形式進行歸納總結。隨後，本章將根據研究結論探討了人民幣匯率變動應有的政策含義和中國產業升級的戰略選擇。最後，本章提出了本書研究的不足之處和今後的研究展望。

1.3.2 研究思路

通過以上內容的闡述，本書將按照研究背景、理論和文獻回顧、人民幣實際有效匯率的測算和產業發展的考察、人民幣匯率變動對產業升級的影響、結論和政策建議這一研究思路進行系統研究。具體而言，本書第一章為緒論，主要對研究背景、研究目的和研究意義等進行了系統性的客觀描述。第二章為文獻綜述，在對本書研究的產業升級進行界定的基礎上，對涉及的相關理論進行總結歸納，就已有文獻中涉及的與本書研究相關的內容進行了梳理和回顧，並進行了文獻評述，為下一步的重點研究進行充分準備。第三章至第六章為本書的核心章節，將圍繞人民幣匯率變動對中國產業升級的具體問題，按照本書設計的邏輯結構進行重點探討。其中，第三章主要在對增加值核算方法進行比較的基礎上，提出了本書對人民幣實際有效匯率的測算框架，並以世界投入產出表為數據來源，針對中國總體和各行業的人民幣實際有效匯率進行了測算，以明確人民幣匯率目前的實際情況。第四章主要對中國的整體產業結構和垂直專業化下各行業的發展情況進行了分析，明確了中國三次產業以及各行業的變化特徵。第五章和第六章分別就人民幣匯率變動對兩種產業升級表現形式的影響進行了理論和實證的推理和研究。其中，第五章著重從產業間的角度考察了人民幣匯率變動在中國產業結構升級中發揮的作用，第六章則從製造業內部的行業角度考察了人民幣匯率變動對全要素生產率的影響。第七章為本書的結論和政策建議部分，對全文的研究內容進行了總結，並提出了相應的政策措施。

本書具體的研究思路和內容結構如圖1.1所示。

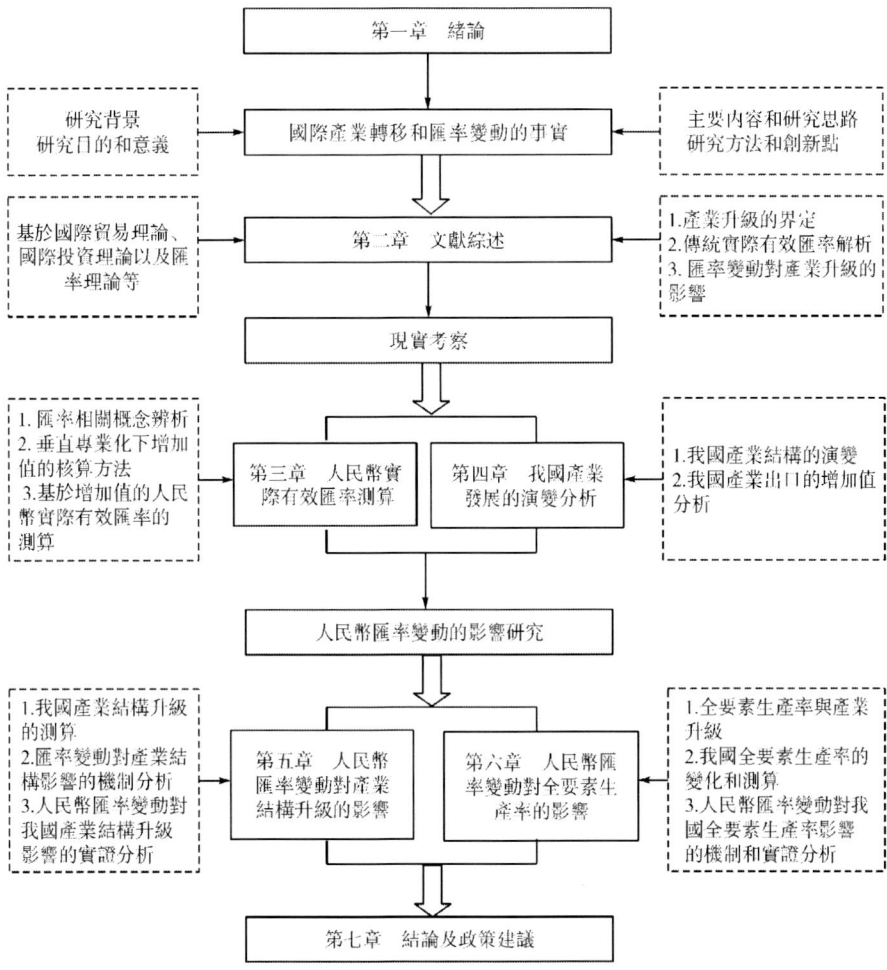

圖1.1 本書的研究思路和內容結構框架

資料來源：根據本書的章節流程設計。

1.4 研究方法和創新點

1.4.1 研究方法

本書將在國際貿易理論的整體框架下，結合國際收支理論、國際投資理論以及匯率理論等理論學說，重點研究人民幣匯率變動對中國產業升級的影響問題，是對人民幣匯率變動及其產業升級作用的有效補充。在具體的分析論證

中，本書將從國際貿易基本理論出發，以宏觀經濟學、產業經濟學以及計量經濟學等相關理論和研究方法為支撐，在對人民幣匯率和中國產業發展等指標進行測算的基礎上，對人民幣匯率在中國產業升級中發揮的經濟作用進行理論和實證的考察分析。本書採用的研究方法可歸納如下：

1.4.1.1 歷史分析法與文獻分析法相結合

在充分閱讀和理解歷史研究文獻的基礎上，對目前國內外關於匯率和產業轉型升級的相關文獻進行歸納整理和綜合分析，並結合國內外部分文獻針對人民幣匯率的重點研究，梳理了長期以來人民幣匯率和中國產業行業的發展脈絡，及時準確地把握該領域的最新研究進展。通過對歷史文獻的把握，本書的研究範圍涉及多個研究領域，在宏觀經濟學的理論下推導並構建基於增加值的人民幣實際有效匯率的測算方法，在產業經濟學的框架下分析中國產業發展的歷史特徵，並結合國際收支理論、國際投資理論和匯率相關理論研究分析了匯率變動的相關產業效應問題。因此，本書的研究工作是在廣泛地瞭解、靈活地運用交叉學科相關知識的基礎上完成的。

1.4.1.2 規範研究與實證研究相結合

規範研究和實證研究是經濟學中兩種最基本的研究方法，規範研究主要回答「應該是什麼」的問題，而實證研究主要回答「是什麼」的問題，並應該根據實際研究結論回答「為什麼」的問題。在科學研究中，規範研究和實證研究相互依存，缺一不可。規範研究為實證研究提供了科學的指導，使實證研究符合事物的發展規律，實證研究為規範研究提供實踐的支持，使規範研究得到現實的肯定。在本書的研究中，通過對傳統有效匯率和基於增加值的有效匯率的比較研究，本書獲得了較為豐富的研究數據，並進行了相應的統計分析，為下一步的規範研究奠定了基礎。接下來，通過對匯率和產業相關模型的構建，本書進行了相關因素的規範研究，並在理論分析的基礎上，對相關因素進行了實證研究，揭示了人民幣匯率變動對中國產業升級的作用和影響機制，並在此基礎上歸納演繹得到人民幣匯率變動應有的方向和策略。

1.4.1.3 定性研究與定量研究相結合

定性研究通常具有較為嚴密的邏輯結構，能夠對現實問題做出探索性、診斷性和預測性的判斷，起到認知事物本質的的作用，而定量研究主要通過大量的客觀事實對現實問題進行驗證，兩者有機結合更能深入探討人民幣匯率和產業升級之間的邏輯關係。本書在對中國的匯率和產業政策進行回顧的基礎上，以大量客觀數據為支撐，首先驗證了人民幣匯率變動和中國產業升級的客觀存在性，並通過匯率變動和產業調整之間的內在聯繫，對中國的現實情況進行了

經驗研究，以驗證定性研究的正確性，從而為深刻、清晰地理解匯率變動對產業升級的影響和更好地制定相關政策提供經驗支持。

1.4.1.4 靜態分析與動態分析相結合

靜態分析抽象了時間因素和具體變動的過程，主要考察事物在某一既定時點上的狀態和特徵，而動態分析則充分考慮了時間的變化因素，旨在通過研究事物在時間變化中的各種形態考察該事物的形成和運動過程。本研究在對匯率變動對產業結構升級和全要素生產率的影響研究中，採用了比較靜態分析和動態分析相結合的面板數據迴歸分析方法，可以更為全面、準確地描述人民幣匯率變動對中國產業升級的影響。

1.4.2 主要創新點

第一，從測算方法來看，傳統實際有效匯率的構建以某種國際貿易分類標準進行貿易流的確定，在貨幣籃子的選擇上以本國與夥伴國的貿易總額為基礎進行篩選，競爭力權重的確定或考慮到了本國和夥伴國的商品在雙方本地市場以及第三方市場的競爭效應。但在垂直專業化分工下，忽略各國基於生產的增加值進行的貿易對其實際貿易額的影響，將使各貿易夥伴國的權重出現偏差，最終影響到本國有效匯率測算的準確性。同時，隨著交易成本的下降，國際貿易往來已不再局限於傳統的貨物貿易，許多傳統的不可貿易品逐漸變成可貿易品。在垂直專業化中，各國在產品生產的每一個環節都將展開競爭，一國生產的最終產品中包含了諸多國家的物質或服務投入。因此，實際有效匯率也應當反應垂直專業化分工中真正的價值競爭，而不是整個最終產品的競爭。本書通過構建世界投入產出框架下的人民幣實際有效匯率核算體系，對人民幣的實際有效匯率進行了總體層面和分行業層面的重新核算，並以此為基礎進行產業升級方面的研究，具有一定的創造性。

第二，從研究內容來看，傳統上對於產業升級的研究大多是針對產業結構變化的角度，且多以各產業在生產總值中的比重加以衡量。然而，產業結構升級應當包括各產業之間的比例更加協調和增加值較高的環節占據國民經濟主導地位兩個方面，即產業結構合理化和產業結構高級化，兩個指標的刻畫將對理解產業結構升級更加完善。同時，產業結構升級只是產業升級的一個方面。應當看到，產業升級在垂直專業化分工日趨加深的背景下，更多地表現為部門生產率的提升。從這一方面來說，垂直專業化分工下產業升級的關鍵應是全要素生產率的提升。因此，本書對於產業升級的研究，將從產業結構升級和全要素生產率的提升兩方面進行刻畫，從而更為全面的考察人民幣匯率變動對中國產

業升級的影響。

　　第三，從研究方法來看，通過對現有文獻的回顧可以發現，由於缺乏經典的理論，目前大多數研究主要通過時間序列的 VAR 模型、協整檢驗、Granger 因果檢驗和脈衝回應從總體上對匯率變動對產業升級的表現形式之一，產業結構升級的短期動態影響關係和長期均衡關係進行研究，而從更加細化的地區層面對產業結構升級的研究相對較少。同時，少數基於細化層面的研究也主要通過相對簡單的面板數據進行實證研究。但在本書的研究過程中發現，地區間的產業結構升級在產業結構合理化方面存在較為明顯的空間集聚特徵。由於相鄰地區間的經濟及環境聯繫是客觀存在的，且不同地區經濟變量的數據收集可能存在空間上的測量誤差，導致了觀測值之間存在「空間自相關性」，也就是平常所說的第三方效應。鑒於此，本書將運用更為科學的空間計量經濟學研究方法研究人民幣匯率變動對省際產業結構合理化的影響。

2 文獻綜述

2.1 產業升級的界定

近年來，產業升級問題逐漸成為學者關注的熱點問題，但如果對於產業升級的概念和內涵界定不清，將直接造成研究範圍的模糊和邏輯上的混亂。對於產業升級，從不同角度出發有多種理解。Gereffi（1999）首次以亞洲服裝產業為對象，將國際貿易與產業升級相聯繫，從全球商品鏈的角度分析了亞洲服裝產業從簡單加工，經過以代工方式參與生產的製造商，再發展成為品牌出口商的路徑和條件。Gereffi 將商品鏈內的產業升級歸集為以下幾個方面，從企業內部的升級到商品鏈內企業間的升級，再到區域內和國家經濟體內的升級。隨後，Gereffi（2005）在總結前期研究成果的基礎上，從商品鏈發展到全球價值鏈，認為升級應是專業分工在全球價值鏈的移動過程，並進一步指出升級應當包括國家、企業和工人以及產業和產品等多個不同層面。其中，從國家、企業和工人的劃分角度出發，升級是在全球生產網絡中生產單位由價值鏈低端向價值鏈高端的發展過程；從產業的角度出發，升級是產業從勞密集向資本密集、技術密集型和知識密集轉移的過程；從產品角度出發，升級是產品向全球價值鏈更高端轉移的過程。由此可見，在 Gereffi 的研究中，升級在價值鏈中既包括了產業內部的發展變化，也包括了產業間的依次更替，尤其是第二產業內部不同屬性行業間的發展變化。

Schmitz 和 Humphrey（2000）將產業升級劃分為四種類型，分別為工藝流程的升級、產品的升級、功能的升級和鏈條的升級。其中，工藝流程升級是指企業為降低成本、重新組織生產系統而採用更為先進的生產技術，使得生產效率逐漸提高的升級方式；產品升級是指企業通過掌握核心技術不斷研發新的產品，使產品質量和市場份額不斷提高，以此提升企業競爭力的升級方式；功能

升級是指企業改變在原來價值鏈中的地位，放棄增加值較低的生產環節，而轉向增加值較高的品牌維護和產品銷售等環節，進而實現企業轉型的升級方式；鏈條升級是指企業離開原屬價值鏈環節，轉而移向新的增加值更高的產業價值鏈，可以實現不同產業領域的相互融合。由此可見，國外學者對產業升級的認識多集中於價值鏈內部和價值鏈之間的提升。

應注意到，隨著中國參與全球化分工程度的不斷加深，中國不僅在垂直專業化上的分工地位逐漸明晰，其本身的內部產業結構也發生了明顯的變化。王保林（2009）指出，應將「產業升級」與「產業結構升級」加以區分，資源在同一產業內的再分配過程屬於產業升級，產業結構升級應是資源在各產業間的再分配過程，主要指資源從低端產業向高端產業的轉移。其中，產業結構升級既包括三次產業的依次更替，也包括第二產業內部的結構變化。因此，工藝流程的升級、產品的升級、功能的升級應屬於產業升級的內容，鏈條的升級則屬於產業結構升級的內容。陳羽和廓國良（2009）認為應將產業結構升級看作價值鏈升級的表現形式之一，即產業結構升級的內涵應當被包含在產業升級之內，應防止兩個概念的混用。餘淼杰和王賓駱（2014）重點從價值鏈角度探討中國製造業的轉型升級問題，分析了中國製造業由勞動力密集型產品向資本密集型產品和高科技產品的變革過程，認為價值鏈的升級主要表現在行業間的生產寬度和行業內部的生產深度，並從中國產業結構的變化和全要素生產率角度說明了中國正在進行著製造業價值鏈的升級。由此可見，產業結構升級與產業升級並不是兩個相互孤立的升級過程，二者存在著有機的聯繫，產業升級將為產業結構升級創造條件，產業結構升級是伴隨著產業升級的發展變化應運而生的，產業升級貫穿於產業結構升級的全過程。

綜合以上學者的主要觀點，本書所指的產業升級主要包括兩方面的內容：一是產業間的結構性升級，包括產業結構向合理化和高級化方向延伸，二者共同構成了產業結構升級的重要內容，主要表現為三次產業之間協調能力和關聯水準的提高，以及產業間第一、二、三產業的依次延伸和三次產業內部由低級部門向高級部門的演化；二是產業內部通過提升生產效率和生產要素的配置效率，實現全要素生產率的提升。由於全要素生產率的不同在很大程度上導致了增加值的不同，全要素生產率較高的國家或產業能夠以較低的成本實現較高的利潤，從而實現產品的升級換代，並使整個產業在價值鏈的地位得以提升，因此，全要素生產率的提升也是中國在垂直專業化分工中價值鏈提升的重要內容和主要表現形式。

具體而言，產業結構的升級作為產業升級過程中不可或缺的重要環節，可

從兩個方面進行分析。一方面，應注意到，一國產業結構在實現升級時，必須考慮現有資源是否得到了合理利用，產業間的發展是否符合技術經濟關聯的客觀比例要求，即需要通過協調各產業間的關係使產業間具有較高的聚合能量，從而使各產業的發展具有協調的比例關係，形成與整個國民經濟發展相適應的發展基調，實現產業結構合理化。另一方面，在國民經濟的三次產業中，通常隨著人均收入水準的提高，勞動力將從第一產業依次向第二產業和第三產業進行轉移，即配第-克拉克定理；同時，隨著工業化的發展，工業內部消費資料的生產比重將不斷下降，而資本資料的生產比重將不斷提高，即霍夫曼定理。對於霍夫曼定理，後期的研究中進一步提出了工業內部將出現由勞動密集型產業向資本密集型產業，再由資本密集型產業向技術密集型產業轉變的趨勢。在工業化發展過程中，為實現工業結構升級，需要促進工業生產向高加工度化、高技術化和高增加值的方向轉變。由配第-克拉克定理和霍夫曼定理可知，產業結構升級也是資源從低端產業向高端產業轉移的過程，從而實現高端部門占據國民經濟主導地位，即由產業之間的依次演進實現的產業結構高級化。

同時，某一產業要實現自身的轉型升級，最終需要通過提高全要素生產率實現。產業升級在垂直專業化下的主要目標是市場主體在特定的專業分工中，通過優化生產要素的投入，以改善產出的規模和結構，在實現利潤最大化的條件下提高單位產出的增加值，從而使得市場主體在市場競爭中取得比較優勢。[①] 在這裡，全要素生產率的提升成為垂直專業化下產業內部實現升級的重要內容和表現形式。根據增加值的定義，產業的增加值可表述為 $V = PQ * v$，其中，V、P、Q 和 v 分別表示產業的增加值、產業的單位產品價值、產業的產品產量和產業的增加值率。從表達式中可以看出，提高產業增加值的主要方式包括提高單位產品價值、提高產量和提高產業的增加值率，而只有通過「提質」和「提效」（即提高單位產品價值和產業增加值率）兩種方式實現的增加值提升符合產業升級的最終目標，而僅僅通過提高產量實現的增加值提升屬於外延式的擴張。因此，全要素生產率的提升也是實現垂直專業化下產業升級的有力證明。

[①] 參考 Park、劉仕國、吳海英等關於產業升級的討論。Albert Park, Gaurav Nayyar, Patrick Low. Supply chain perspectives and issues: A Literature Review [M]. FungGlobal Institute and World Trade Organization, 2013. 劉仕國，吳海英，等. 利用全球價值鏈促進產業升級 [J]. 國際經濟評論，2015（1）：64-84.

2.2 傳統實際有效匯率解析

2.2.1 實際有效匯率的構建要素

2.2.1.1 貿易流的確定

由於國際貿易在商品種類和計量方面的多樣性，在對實際有效匯率進行測算時，首先需要考慮的是商品的貿易流問題。對商品貿易流的選擇實質上是考慮應將何種商品納入到貨幣權重的測算中，而應將何種商品排除在外。對於貿易流的確定，目前國際機構存在不同的方法，主要區別在於對貨物貿易和服務貿易的區分。國際清算銀行（BIS）和歐洲央行（ECB）測算有效匯率的貿易流時中只包含了 SITC 分類下 5~8 類的製造業商品，而排除了服務業、農產品、原材料和能源產品的貿易流，原因在於二者都認為服務貿易數據的獲取有限，而農產品、原材料和能源產品屬於大宗商品，其定價基本不會受到一國匯率調整的影響。

然而，隨著近 10 多年來全球化生產的發展，服務貿易蓬勃興起，並且在國際貿易中占據著越來越重要的作用。根據 WTO 統計，2014 年全球服務貿易總額 97,219.7 億美元，同比增長 5.05%，占國際貿易總額的 20.33%。其中，服務貿易出口 49,395.7 億美元，同比增長 4.9%，服務貿易進口 47,824 億美元，同比增長 5.22%。Bayoumi 等（2005）構造的國際貨幣基金組織（IMF）權重中已經包含了旅遊貿易的內容。但由於沒有旅遊貿易的確切數據，該權重假設其他服務貿易與製造業貿易具有相同的分佈，因此使用相同的權重。國際貨幣基金組織測算有效匯率的貿易流中不僅包括製造業商品，也包括大宗商品和服務貿易商品。從理論上來說，這是一種更為合理的貿易流選擇。但是，由於旅遊業的貿易數據往往難以精確衡量，國際貨幣基金組織也僅假設大多數國家不包括旅遊貿易在內的其他服務貿易與產品貿易有相同的分佈，而以旅遊人次來估計雙邊的旅遊貿易額。

還有部分學者，如 Makin 和 Robson（1999）認為，傳統實際有效匯率的度量只考慮了商品貿易要素而沒有考慮到資本貿易的重要性，因此對實際有效匯率的測度產生了偏差。Makin 和 Robson 在選擇實際有效匯率的貿易流時，提出以資本加權指數（CWI）代替貿易加權指數（TWI），基於國際資本的流量和存量構造新的權重匯率指標的方法。該指標中，經常帳戶下借貸方流量、資本帳戶下的資本流入和流出、國家外債存量和按貨幣分類的外國貸款存量是構造

有效匯率權重的貿易流來源。通過對澳元的分析發現，基於資本貿易的有效匯率是對基於貨物和服務貿易有效匯率的有效補充。

2.2.1.2 貨幣籃子的選擇

對有效匯率中貨幣籃子的選擇，即是對貿易夥伴國的篩選和確定，理論上應當盡可能多的包括與本國有經濟往來的經濟體。Cox（1986）和 Feldstein 等（1987）認為為保證計算的準確性，在計算有效匯率時應當包括大量的相關國家貨幣。因此，兩位學者採用了超過 80 個國家的貨幣與美元的雙邊匯率進行了加權計算。但由於過多的經濟數據不但增加了計算的複雜性，且一部分與本國經貿往來較少的經濟體對有效匯率的影響力極其有限，因此大多數機構對夥伴國的選擇只涵蓋了與本國有密切經貿往來的經濟體作為測算對象。不同的國際機構對夥伴國的篩選在數量和結構上有所差異，但在總體上應當滿足一般性的幾點條件，包括選取的夥伴國應具有充分的代表性，夥伴國所在地區、所屬行業應當全面合理，並且選擇的夥伴國的數量應當兼具計算的複雜性和可行性等。國際清算銀行的窄口徑指數只包含了 27 個傳統發達經濟體，寬口徑指數也只涵蓋了包括亞、歐、拉美等主要新興國家在內的 52 個經濟體。而國際貨幣基金組織則較為廣泛的涵蓋了工業系統方法下的 164 個經濟體、全球系統方法下的 16 國以及歐元區和其他 4 國共 185 個經濟體。此外，Turner 和 Van't dack（1993）指出只應當將那些經歷中低通脹的國家貨幣納入有效匯率的貨幣籃子。

目前多數機構對於貿易夥伴國的選擇主要以測算國與各夥伴國的貿易量作為夥伴國的選擇標準，通常以測算國與夥伴國的出口額、進口額或進出口總額的數量為標準進行評價，所選擇的夥伴國貿易總量應當占據本國對外貿易總量的 2/3 以上。美聯儲所編制的美元有效匯率，其寬口徑指數貨幣籃子包括了長期以來與美國貿易往來密切的 26 個經濟體，每一個經濟體與美國的貿易量均占美國貿易總量的 0.3%以上，其中 7 個工業化國家貨幣構成了主要貨幣籃子。歐洲央行的窄口徑指標包括了 13 個工業和新興工業化國家，產品貿易占到歐元區貿易總量的60%以上，寬口徑指標涵蓋到了包括主要新興市場化國家和轉型期國家的 39 個經濟體，產品貿易占到歐元區貿易總量的將近 90%。此外，英格蘭銀行、澳大利亞儲備銀行等中央銀行測算有效匯率選擇的夥伴國與本國的貿易量也占到本國貿易總量的 90%左右。

2.2.1.3 競爭力權重的確定

通過前述對文獻的回顧可知，進出口比重可以作為本國的夥伴國判斷標準，自然也可以作為夥伴國競爭力權重的測算方法。以進出口總額為例，i 國

對於本國的貿易權重通常表示為 $w_i = \frac{M_0}{M_0 + X_0}w_i^m + \frac{X_0}{M_0 + X_0}w_i^x$，其中 M_0 和 X_0 分別表示本國的總進口額和總出口額，w_i^m 表示本國從 i 國的進口占本國進口總額的比重，w_i^x 表示本國對 i 國的出口占本國對外出口總額的比重。這種測算方法的優勢在於較為簡單，數據獲得較為容易。但也正是因為如此，這種方法只考慮了本國和夥伴國的貿易商品在兩國市場上的競爭，而忽略了兩國出口商品在「第三方市場」上的競爭，因而無法全面反應本國在整個世界商品市場上的競爭力。相比較而言，國際清算銀行等機構目前採用了 Klau 和 Fung（2006）的雙權重法，由於考慮了本國和夥伴國在其他國家競爭的「第三方市場」效應，因而能夠更為客觀地評價夥伴國在本國的有效匯率中的權重。國際清算銀行的雙權重測算方法為

$$w_i^m = m_j^i / m_j \tag{2.1}$$

$$w_i^x = \left(\frac{x_j^i}{x_j}\right)\left(\frac{y_i}{y_i + \sum_h x_h^i}\right) + \sum_{k \neq i}\left(\frac{x_j^k}{x_j}\right)\left(\frac{x_i^k}{y_k + \sum_h x_h^k}\right) \tag{2.2}$$

$$w_i = \left(\frac{m_j}{x_j + m_j}\right)w_i^m + \left(\frac{x_j}{x_j + m_j}\right)w_i^x \tag{2.3}$$

其中，x_j^i 和 m_j^i 分別表示 j 國對 i 國的出口額和從 i 國的進口額，x_j 和 m_j 分別表示 j 國的出口總額和進口總額，y_i 表示 i 國國內總產出中的自給部分，$\sum_h x_h^i$ 表示不包括 j 國在內的其他所有經濟體對 i 國的總出口額。式（2.1）中，i 國的進口權重主要取決於 i 國和其他國家在 j 國市場上的競爭，以 j 國從 i 國的進口占 j 國進口總額的比重來衡量。式（2.2）中，i 國的出口權重不僅取決於 i 國和 j 國的直接競爭，也取決於 i 國和 j 國的第三方市場競爭。直接競爭一方面來源於 i 國市場對於 j 國的重要性，也來源於 i 國市場的開放程度。換句話說，如果 j 國對 i 國的出口額占 j 國出口總額的比重較大，i 國的國內產出占本國的市場供給較大，則 i 國在 j 國的貨幣份額中占據較大的權重。第三方市場競爭也來源於 k 國市場對於 j 國的重要性和 k 國市場對 i 國的開放程度，因為如果 i 國向 k 國的出口占 k 國市場較大的份額，說明 i 國在第三方市場上也是 j 國較大的競爭者，其在 j 國的貨幣份額中也應占據較大的權重。

國際清算銀行構造的權重的不足在於沒有充分考慮國內市場規模的因素，即沒有考慮本國商品和進口商品在國內的競爭，尤其是像中國這樣的大國，國內市場上本國商品和進口商品的競爭也相當激烈。因此，在現實中，本國的商品和夥伴國的商品都會在進口市場、直接出口市場和第三方市場展開競爭。因

此，將本國市場規模因素考慮在內是更為合理的選擇。國際貨幣基金組織在 Bayoumi 等（2005）研究的基礎上，將有效匯率中 j 國的權重定義為

$$s_j^k = \frac{X_j^k}{\sum_l X_l^k} \tag{2.4}$$

$$w_i^k = \frac{X_i^k}{\sum_n X_i^n} \tag{2.5}$$

$$W_j = \frac{\sum_k w_i^k s_j^k}{\sum_k w_i^k (1 - s_i^k)} \tag{2.6}$$

其中，X_j^k 表示夥伴國 j 國對 k 國的出口額，s_j^k 表示夥伴國 j 國對 k 國的出口占 k 國國內市場的比重，w_i^k 表示本國對 k 國的出口占本國出口總額的比重，k 國包括了本國和與本國發生貿易關係的所有國家。因此，這種有效匯率的測算方法同時在進口市場、直接出口市場和第三方市場上對本國和夥伴國的競爭關係進行衡量，測算結果更為準確。從實質來看，雙權重法與前述雙邊貿易權重法的主要區別就在於雙權重法在出口權重上不僅考慮了本國對夥伴國的出口額，而且也考慮了本國和夥伴國在第三方市場上的競爭關係。

除上述方法之外，Turner 和 Van't dack（1993）認為有效匯率是反應一國貨幣在國際貿易中競爭地位的重要指標，並將其納入一般均衡模型，通過可貿易商品的供求關係以及其他反應國家貿易特徵的反饋機制，以模型的方式確定夥伴國貨幣的重要性。但由於這種方法包含的供給和需求方程眾多，也涉及眾多的約束條件，使得某些估計參數的穩健性較差或需要通過其他途徑獲得，因此在國際上沒得到廣泛的應用。

2.2.1.4 平減指數的選擇

名義有效匯率中，由於包含了測算國和夥伴國自身的價格因素，名義有效匯率也只能反應一國貨幣的平均國際價格，而無法反應該國貨幣的真實國際購買力。因此，需要將名義有效匯率中各國的價格因素進行剔除，從而使得到的實際有效匯率能夠真實反應本國貨幣的價值。

在實際有效匯率的測算中，通常選取一定的平減指數來進行價格因素的消除。一類是成本指數，主要以各國可貿易品部門的單位勞動成本代表各國的價格水準。由於一國產品的競爭力在一定程度上可以由本國產品的生產成本反應出來，當該國的勞動力投入在該國產品成本中占據較大份額時，相對單位勞動成本差異可以反應兩國產品的相對競爭力差異。除此之外，各機構在測算實際

有效匯率時，更為普遍地使用價格指數消除價格因素的影響。常見的價格指數主要包括消費者價格指數（CPI）、GDP 平減指數（GDP Deflator）、批發價格指數（WPI）和生產者物價指數（PPI）等，其中以消費者價格指數和 GDP 平減指數更為常用。

Turner 和 Van't dack（1993）對相對出口價格、消費者價格和工業生產價格進行了比較。其中，相對出口價格指數可以直接比較貿易商品的國際競爭力，但由於只對實際發生的貿易商品有效，且只有少數國家進行了公布，因此在數據的獲取和處理上存在時滯性等困難。消費者價格指數的優點在於，國際上各國對本國的消費者價格指數公布較為及時準確，容易進行各國間的價格比較，且與人們的日常生活關係較為密切，以此為基礎形成的實際有效匯率更能體現消費品的國際競爭力。同時，消費者價格指數涵蓋了本國可貿易品和不可貿易品的大部分商品，比批發價格指數和生產者物價指數的內容更為全面。而消費者價格指數的不足也在於僅衡量了大部分消費品的價格水準，而對於一國經濟活動的總量，其解釋力度有限。特別是在當今全球價值鏈的發展背景下，本國的產品價值不完全是由中間產品直接產生的，其增加值部分更多地融入了資本等生產要素的價值。工業生產價格指數主要以傳統製造業貿易的情況進行衡量，但由於當前各國工業製造業的發展程度和結構存在較大差異，對原材料、半成品的重複計算很可能對其權重產生了高估，使其估計的精確度受到影響。

2.2.2 人民幣實際有效匯率分析

李曉錦和陳軍澤（1995）選擇了中國香港、美國、日本和德國為貿易夥伴，以消費者價格指數為平減指數，採用算術加權平均法對 1990—1994 年的人民幣實際有效匯率進行了較早的測算。結果表明，1990—1994 年人民幣處於不斷貶值的過程中，其中 1990—1993 年貶值速度相對較慢，1994 年由於人民幣匯率的並軌改革導致貶值速度明顯加快。同時，作者也發現人民幣對日元和港元的貶值幅度高於對人民幣對美元和馬克的貶值幅度。通過人民幣對美元的匯率分析，作者認為在穩定人民幣匯率方面，應該實行「盯住一籃子貨幣」的匯率政策而不是「盯住美元」的匯率政策，在選擇貨幣籃子和確定權重時，應當採用與構造實際有效匯率相似的辦法。

李亞新和餘明（2002）選擇了美國、日本、中國香港、德國、印度尼西亞、馬來西亞、新加坡、泰國和韓國 9 個國家和地區作為夥伴，仍然採用算術加權平均法和消費者價格指數對人民幣 1990—1997 年的實際有效匯率進行了

測算。其中，前四個經濟體為與中國貿易量最大的國家和地區，第五到第八個國家為貿易上與中國有較大替代性的東南亞新興國家，這些國家在貿易領域具有相應的代表性。結果顯示，樣本期內人民幣實際有效匯率大體呈現 V 型的走勢，在 1993 年達到底部時逐漸開始回升。因此，將東南亞金融危機歸結於中國弱化人民幣的匯率政策是毫無根據的。同時，作者認為必須在宏觀調控目標明確的前提下對匯率做出調整，並且有相應的措施進行配合，系統考慮，統籌兼顧。

張斌（2005）在對真實匯率進行總結回顧的基礎上，對支出法、成本法和通過貿易品衡量的實際有效匯率分別進行了測算和比較，並指出三種衡量方法的區別主要在於對價格評價指數的選擇存在差異。其中，支出法主要採用了消費者價格指數對名義有效匯率進行平減處理，成本法主要採用了 GDP 平減指數、產出價格指數和生產成本指數等對名義有效匯率進行平減處理，貿易品衡量的實際有效匯率則主要採用了單位勞動成本、批發價格指數、出口單位價值以及製造業附加平減指數等對名義有效匯率進行平減處理。相比而言，支出法更加體現出了福利經濟的意義，而成本法則更加體現了一國商品的競爭力。通過計算，作者得出用支出法、成本法和通過貿易品衡量的中國實際有效匯率在 1994—2002 年都出現了上升的趨勢，但以 1998 年為界，不同時期推動人民幣實際有效匯率上升的主要因素有所不同。

盛梅等（2011）總結歸納了美聯儲、歐洲央行、日本銀行、新加坡金融管理局和國際清算銀行等國際金融機構對有效匯率的計算方法，重點針對貨幣選擇、權重選擇和計算公式的調整進行了比較分析，並在此基礎上對人民幣有效匯率指數進行了編製。隨後，在與國際清算銀行編製的有效匯率指數進行比較的過程中，作者發現自己編製的人民幣有效匯率指數更加穩定，認為可能是國際清算銀行在編製人民幣有效匯率指數的過程中考慮了第三方效應的緣故。在此基礎上，作者認為在編製人民幣有效匯率指數時需要進一步完善價格統計指標體系，並根據中國在國際產業鏈中的地位和結構特徵，將第三方效應考慮在內，同時建立覆蓋面不同的多個人民幣有效匯率監測口徑。

王愛華等（2013）對人民幣實際有效匯率指數的貨幣籃子進行了區分和考察，分別基於可自由兌換的由美元、歐元、英鎊和日元組成的 SDR 貨幣籃子、與中國聯繫日益密切的東盟 10+3 貨幣組成的貨幣籃子、包括印度盧比、澳大利亞元、新西蘭元在內的擴展東盟 10+3 貨幣籃子和與中國貿易往來密切的 15 國貨幣組成的貨幣籃子等，測算了 2005 年 7 月至 2012 年 7 月的人民幣實際有效匯率指數。結果表明，以四種貨幣籃子為權重計算得到的人民幣實際

有效匯率指數變化趨勢基本相同，盡在變化幅度上存在差異。在變異系數的考察中，人民幣實際有效匯率指數在由美元、歐元、英鎊和日元組成的 SDR 籃子中表現最為穩定，而在以東盟 10+3 貨幣為權重的籃子中波動性最強。

2.3 匯率變動對產業升級的影響

國際經驗表明，不同經濟體對本國產業的發展目標和方向應有所區別。對於小型開放國家來說，可以主要根據國際分工，在垂直專業化中依託比較優勢實現本國優勢產業的進一步發展。而對於開放型的大國來說，不僅需要根據各自當前的比較優勢積極融入國際分工，在國際分工中尋求更高的價值增值，也需要建立起各自門類完整的現代產業體系，以實現產業間以及行業間的全面協調可持續發展（劉志彪，2016）。因此，開放型大國的產業升級，既需要技術進步對傳統產業的改造和升級，也需要產業結構的優化升級。實踐證明，現代產業體系的建設並不是對原有產業體系的完全拋棄和另起爐竈，而是以傳統產業體系的大規模技術改造為起點，通過現代技術的改造和升級，使其成為現代產業體系的一部分，並著力開發新的經濟增長點，形成朝氣蓬勃，具有強大市場競爭力的企業生產力和產業結構。企業生產力和產業結構作為經濟結構和經濟發展方式中的重要支撐，在中國的經濟發展中發揮著舉足輕重的戰略作用。

2.3.1 匯率變動對產業結構的影響

隨著人民幣匯率制度改革的推進，匯率對產業結構尤其是實體經濟的影響不斷深入，匯率與產業結構之間的互動關係成為國內外學者重點關注的熱點問題之一。匯率作為重要的價格信號，其變動將對一國生產要素的價格產生影響，導致生產要素在不同行業和產業間重新配置，會使企業調整發展策略，也會對一國的產業結構調整產生推動作用。早期，學者關於匯率對產業結構的直接影響研究相對較少，部分學者只針對汽車、鋼鐵等具體行業進行了初步的研究。在產業結構方面，直接研究匯率變動對產業結構調整的研究較少，但有一些學者認為匯率是通過某種途徑對產業結構產生了影響，如國際貿易途徑和外商直接投資途徑等。因此，本書首先對這兩條途徑涉及的相關研究做一梳理，總結國內外學者的主要觀點，基本可以理清匯率對本國的產業結構產生的間接影響。近年來，部分學者在綜合上述觀點的基礎上，給出了匯率變化對產業結構調整的影響機制，也得出了不同的結論。

2.3.1.1 匯率、國際貿易和產業結構研究

在匯率通過國際貿易對產業結構的間接影響路徑中，Hume（1752）提出的「價格—現金」流動機制是對國際收支問題的最早論述。20世紀30年代開始，隨著金本位制的崩潰，各國出現了國際收支的混亂，各國也開始對國際收支問題進行了重新審視和研究。此後，在「價格—現金」流動機制的基礎上，Marshall（1923）補充的「馬歇爾—勒納」條件和 Metzler（1948）補充的「羅賓遜—梅茨勒條件」基本形成了國際收支彈性論的主要觀點，並與以 Harold 和 Machlup 為代表的國際收支乘數論、Alexander（1952）提出的國際收支吸收分析論、Mundell（1962）和 Flood（1984）等倡導的國際收支貨幣論等，共同形成了國際收支問題的理論基礎。20世紀70年代後期，隨著布雷頓森林體系的崩潰，許多國家的匯率出現了明顯波動，部分學者也開始轉向匯率波動對各國貿易影響的研究。從理論上來說，Baron（1976）提出匯率波動將會對國際貿易產生不利影響，尤其是對出口貿易來說更是如此，原因在於如果在出口貿易中使用外幣進行結算，匯率波動會影響其本幣收入的穩定性，而使用本幣進行結算則會引起進口商品的需求發生改變。Hooper 和 Kohlhagen（1978）指出由於匯率波動增加了國際貿易的風險性，因此對於風險厭惡型的廠商來說，會通過減少貿易量來避免匯率波動可能對其造成的風險和損失。但 Sercu 和 Vanhulle（1992）從期權的角度出發，認為匯率變動反而會促進國際貿易的發展，因為風險與收益成正比，高風險將可能會產生高的收益。

在實證方面，學者們根據不同的理論也得到了不同的檢驗結果。Klein（1990）分析了實際匯率變動對美國出口到7個主要工業化國家的9類商品的影響，結果表明6類商品的出口額明顯受到匯率變動的影響，且有5類商品的匯率影響是正面的，這與風險中性的企業為應對匯率波動增大而增加具有出口需求彈性的商品供給模式是一致的。Chowdhury（1993）以 G7 國家為研究樣本建立了一個誤差修正模型，結果發現如果出現連續大幅度的匯率波動，將會對這些國家的出口造成明顯的不利影響。Chou（2000）以自迴歸條件異方差模型考察了匯率的波動性問題，研究表明匯率波動對出口總額、工業製成品的出口和礦物燃料出口一個長期的負面影響，並支持匯率的不確定性阻礙了中國貿易發展的假設。但 Bacchetta 和 Van Wincoop（2000）通過建立一般均衡模型發現，當不存在有效的外部衝擊時，匯率波動對於國際貿易並沒有顯著的影響，Aristotelous（2001）對英美兩國 1889—1999 年的數據檢驗也證明了這一點。楊帆等（2004）運用購買力平價理論和均衡匯率理論等，研究了人民幣升值壓力的根源，指出人民幣升值不會對出口造成負面影響，因為人民幣升值可以降

低進口成本、緩解通貨膨脹並促進技術進步。李宏彬等（2011）採用海關進出口數據從微觀層面上分析了人民幣匯率變動對於中國企業進出口的影響，結果表明人民幣升值對中國的出口和進口都將產生顯著影響，總體而言人民幣升值不會有效改善中國的貿易順差狀況並且會對中國的進出口企業造成負面影響。在按照企業特徵和行業特徵的區分上，私營企業和高科技、資本密集型企業受人民幣升值衝擊的影響較大，東部和南部沿海地區的企業受人民幣升值衝擊的影響也較大。

關於國際貿易對於產業結構的影響，Adam Smith（1776）的「剩餘出路」理論提供了最早的理論依據，指出發生國際貿易的國家間通過本國剩餘產品和他國商品的交換，為剩餘產品賦予了價值。由此可見，國際貿易將對本國的產業結構產生影響。Myint（1958）對該理論進行了完善，指出國際貿易對一國產業結構產生影響的原因在於能夠為本國的剩餘產品找到出路，能有效解決本國某些產業的資源過剩和效率低下問題。新經濟增長理論的代表代表人物Solow（1956）提出開展國際貿易可以使一國在短時期內獲得專業知識和人力資本並得到技術外溢，這些生產要素將帶動本國產業結構的優化升級。Vernon（1966）的「產品生命週期」理論從產品技術創新的角度對一個國家通過參與國際貿易實現本國的產業結構調整進行了清晰的論述。Chenery 和 Syrquin（1975）在對韓國、日本和臺灣等國家和地區 20 世紀 50 年代到 70 年代的統計數據進行分析的基礎上指出，這些國家的製造業增長對出口有著明顯的依賴現象，因此其工業化進程與國際貿易的關係密不可分，小型經濟體尤為如此。

以這些理論為基礎，國內外學者們展開了國際貿易對產業結構影響的機制和實證研究。Davis（1998）指出只有當非一般貿易成本明顯高於一般貿易成本，並且專業化商品的貿易成本也高出同質商品數倍時，產業結構才取決於市場規模的影響，否則國內市場效應將不會出現。鐘昌標（2000）認為國際貿易對區域產業結構的直接影響是進出口貿易對產業結構的影響，促進機制主要包括改變區域要素存量、加強後向經濟聯繫、增加勞動者收入以刺激消費、推動區域基礎設施發展、刺激區域供給機能發揮作用以及通過引進國外先進技術鼓勵產業成長等，間接影響是通過國際貿易傳導國際產業聯繫而引起的結構傳導效應。張亞斌（2000）指出產業結構對一國出口結構的影響來源於該國的比較優勢，而出口結構優化也會產生比較優勢的累積，從而對產業結構升級具有反向的促進作用。袁欣（2010）認為外貿結構和產業結構是一種「原像」與「鏡像」的耦合關係，中國的對外貿易未能促進本國產業升級的原因是中國的對外貿易和產業結構不存在「原像」與「鏡像」的內部聯繫。Oyama 等

（2011）認為發展中國家的去工業化進程是其實施進口替代政策的原因。孫曉華和王昀（2013）認為一國參與國際貿易帶動產業結構優化升級的原因在於進出口貿易對國內的供需產生影響，解決了資本不足、技術落後和傳統產業生產過剩等問題。基於半對數模型和結構效應的實證結果顯示，貿易結構對產業結構具有帶動作用，適當增加工業製成品的貿易比重具有增強第二產業比重的效果，結構效應下的貿易結構對產業結構升級有正向影響，但作用的發揮存在一定的時滯。

2.3.1.2 匯率、外商直接投資和產業結構研究

在匯率通過外商直接投資對產業結構的間接影響路徑中，早期學者分別就匯率對外商直接投資的影響和外商直接投資對產業結構的影響進行了研究。大部分研究認為母國貨幣相對於東道國貨幣的升值有利於母國對東道國的投資流入。最具代表性的理論包括 Kohlhagen（1977）、Cushman（1985）提出的生產成本效應理論，Froot 和 Stein（1991）提出的相對財富理論以及 Blonigen（1997）提出的特定資產併購理論。生產成本效應理論認為母國貨幣的相對升值可以降低東道國生產要素的相對成本，因此有利於母國對東道國的投資流入。相對財富理論認為匯率變化將通過財富效應改變投資的流向，因為在資本市場信息不完全的情況下，企業的外部融資成本將高於內部融資成本。資產併購理論從產品市場的不完全性方面分析了匯率和對外投資的關係，可以看作相對財富理論的擴展。在此基礎上，部分學者進行了實證方面的研究。Goldberg 和 Klein（1997）的研究表明日本向東南亞的投資和美國向拉丁美洲國家的投資由於母國的貨幣升值而起到了帶動作用。Gregory 和 McCorriston（2005）在對英國的海外投資進行經驗分析後指出，東道國貨幣貶值由於增加了母國企業的利潤水準而得到了更多的投資流入。但有部分學者在對海外投資的動機進行細化的基礎上得到了不同的結論。Bénassy-Quéré（2001）的研究指出，如果外商直接投資的目的是擴大東道國的國內市場，那麼由於東道國的貨幣升值會提高跨國公司的利潤水準，母國的直接投資將會進一步增加。這一點也得到了 Amiti 和 Wakelin（2003）利用發達國家間匯率和外商直接投資間的數據的驗證，同時孫霄翀等（2006）、於津平（2007）通過建立市場導向型、成本導向型和資源導向型外商直接投資的理論模型，進一步證明了這種現象的存在。此外，也有學者提出，匯率變化與外商直接投資並沒有顯著影響。Grosse 和 Trevino（1996）、Jeanneret（2005）等學者指出，外商直接投資的重要影響因素包括國內生產規模、市場化程度和消費價格指數等，而匯率的影響程度不顯著。

外商直接投資作為固定資產投資不可或缺的力量之一，投資的方式和方向將對東道國的產業結構產生重要影響。日本學者 Akamatsu（1932）主要針對發展中國家提出的雁型模式指出，產業轉移將隨著投資由技術先進的國家向次先進的國家依次進行。在這一發展過程中，發展中國家將根據比較優勢經歷由勞動密集型產業向資本和技術密集型產業轉型的升級過程。發展中國家通過利用外資進行資金和技術的累積，加強消化和吸收，帶動了本國新興產業的發展和實現了產業結構的升級。但在這一過程中，發展中國家始終以超趕者的身分參與國際生產，缺乏創新力，這將無法成為發展中國家的長期發展動力。Chenery 和 Strout（1966）提出了「雙缺口」理論，認為東道國受制於國內資源不足的制約，而外商直接投資為東道國彌補了外匯缺口和儲蓄缺口，因此有利於東道國產業結構的優化。另一位日本學者 Kojima（1978）提出的邊際產業擴張理論將企業的對外投資擴展到產業的對外投資，認為投資國與東道國在產業間存在著比較成本的差異，投資國將本國的邊際產業轉移到東道國，對本國來說可以集中力量發展自身的優勢產業，對東道國來說可以引進先進的技術和管理方法，也可以提供更多的就業機會，因此有利於投資國和東道國雙方的產業結構優化。

以這些理論為基礎，學者們進行了大量的實證研究。Kippenberg（2005）研究發現外商直接投資對捷克的產業結構具有優化作用，認為外商投資企業通過與東道國的聯繫促進了東道國的產業結構優化。Jensen（2002）、Hunya（2002）分別選用波蘭和羅馬尼亞的數據，從外商直接投資有利於促進出口的角度研究了外資對產業結構的優化作用。Caves（1974）從外商直接投資技術溢出的角度，通過研究 1966 年加拿大和澳大利亞的行業數據，發現加拿大製造業的行業利潤率和澳大利亞製造業的勞動生產率都與本國的外資份額正相關，因此得出兩國外商直接投資的技術溢出效應有利於本國產業結構調整的結論。Gorecki（1976）和 Fishwick（1981）研究了外商直接投資對市場結構優化的影響，認為外商直接投資增加了東道國市場上的企業數目，因此增強了東道國市場的競爭度，從而優化了東道國的市場結構，促進了東道國的產業結構升級。另一方面，也有學者指出外商直接投資可能給東道國帶來一定的負面影響。劉宇（2007）通過研究指出，外商直接投資在中國的產業分佈失衡加劇了中國產業結構的偏斜，因此中國需要拓寬利用外資的領域。

2.3.1.3　匯率變動對產業結構的影響渠道研究

在理論層面上，Bergstrand（1991）較早提出了實際匯率受到包括三次產業比例在內的需求結構以及供給結構的影響。Frankel 和 Romer（1999）認為，

由於貿易能夠提高人均收入水準，因此如果匯率變動對貿易有影響，且貿易和收入對產業結構都有影響，則產業結構調整將受到實際匯率變動的影響。Rodrik（2008）指出匯率低估能夠促進發展中國家的貿易部門和工業化發展，因此可以促進這些國家的產業結構調整，但這種影響只發生在較為貧窮的國家，對於富裕國家來說基本不存在這種效應。中國學者針對人民幣匯率和中國產業結構調整問題也做了部分研究工作。關於人民幣升值是否有利於中國產業結構升級，根據不同的影響渠道，不同學者持有不同的觀點，部分學者也運用實證方法對相關理論進行了考察。其中，大部分學者的研究表明，人民幣升值有利於中國產業結構的升級。孫咏梅和祝金甫（2005）在對固定匯率制度和浮動匯率制度進行比較的基礎上指出，固定匯率制度不能有效反應中國經濟發展的實質，固定匯率制度下的匯率低估將導致國內資源配置失調和擴大內需不足，因此加劇了中國經濟的畸形發展，最終不利於中國產業結構的調整升級和就業難題的解決。莫濤（2007）以匯率的槓桿作用為切入點，初步建立了一個人民幣匯率變動的微觀傳導機制，指出匯率將通過相對價格渠道、收入渠道、國內資源節約渠道、「行業洗牌」渠道、設計改良渠道和人力資本累積渠道6條渠道對出口產品的增加值產生影響，認為人民幣匯率將通過對基本價值和增加值的調節以及對宏觀經濟增長方式的調節在總體上促進中國出口產業的結構升級。劉宇和姜波克（2009）討論了匯率變動的資源再配置效應，認為匯率變動具有實際收入效應，實際收入的變化將通過收入彈性機制改變產業間的相對價格，促使資源從價格相對較低的低端產業流向價格相對較高的高端產業，從而改善一國的產業結構，同時對經濟增長方式產生影響，實現「先進的生產力」。盧萬青和袁申國（2009）從廠商利潤最大化的微觀視角出發，對錢納里工業化理論下的國民生產總值的市場佔有率模型進行修改，分別從匯率對三次產業之間結構的影響、匯率對第二產業內部結構的影響以及匯率對第二產業空間分佈結構的影響3個角度出發，通過實證研究表明，人民幣貶值有利於中國工業的發展、勞動密集型產業的發展和東部沿海地區的經濟發展，但問題在於長期低估使中國的產業結構出現過度工業化的現象，同時由於高科技產業比重的下降和非高科技產業比重的上升以及東部地區工業比重的上升，導致中國產業層次偏低和地區分佈不平衡的加劇。巴曙松和王群（2009）分析了實際匯率變動對產業結構調整的3條傳導路徑，從有效匯率的角度對其與中國產業和就業的影響進行了分析，認為人民幣升值在一定程度上促進了農村勞動力的轉移，增加了第三產業的就業人數，並提升了第三產業的比重，因此有利於第三產業的發展，但在一定程度上減少了第二產業的就業人數，長期來看在

總體上對中國的產業結構改善有相應的促進作用。馮曉華和張玉英（2009）對人民幣匯率波動的福利效應進行了分析，分別考察了總體匯率和進出口匯率對於製造業部門的福利影響和傳導機制，發現匯率升值通過出口途徑降低了勞動密集型部門的工人福利，通過進口途徑提高了資本密集型和技術密集型部門的工人福利，因此有利於勞動力資源從勞動密集型部門流向資本密集型和技術密集型部門，從而對產業結構具有優化作用。黃先軍和曹家和（2010）在討論了價格穿越的內涵和效應的基礎上，建立了價格穿越模型，分析了匯率通過引致貿易品價格、生產要素價格和國民總價格的變化驅動一國產業結構調整的路徑，並驗證了中國價格穿越效應的存在性。黃先軍和曹家和（2011）構建了產業結構調整的匯率驅動模型，指出匯率對產業結構的影響路徑主要包括產業的進出口比重、產業的國外投入比重和國外需求彈性，並通過實證表明人民幣匯率變動對中國第二、三產業有較大的影響。徐偉呈和範愛軍（2012）建立了勞動力市場均衡狀態下的廠商利潤最大化模型，驗證了匯率變動對產業結構調整的影響機制，並實證考察了人民幣匯率調整對中國產業結構調整的影響。結果表明，匯率變動主要通過對外貿易、外商直接投資和價格水準的變化3個途徑對一國的產業結構產生影響，但3個途徑的強弱程度有所區別，總體來看，人民幣升值有利於促進中國產業結構的優化升級。譚小芬和姜婭婭（2012）從巴拉薩－薩繆爾森效應出發，分析了匯率對產業結構的影響渠道，認為人民幣升值可以通過改善中國的貿易結構、外商直接投資結構和就業結構等實現資源的行業流動，促進第三產業的發展，實現產業結構的優化調整和經濟發展方式的轉變，因此人民幣匯率低估將加劇中國經濟的內外失衡。干杏娣和陳銳（2014）重點針對人民幣升值通過貿易渠道對中國產業結構升級的影響機制進行了分析。結果表明，在出口渠道中，人民幣升值減少了第二產業的產出份額，卻增加了第三產業的產出份額，在進口渠道中，人民幣升值亦對第二產業比重有負向影響，而對第三產業比重有正向影響，因此，人民幣匯率升值通過貿易渠道有助於中國產業結構的優化升級。劉達禹和劉金全（2015）對人民幣實際匯率進行了分解，採用TVP—VAR模型研究了一價定律偏離因素和相對價格波動因素與不同時期三次產業增加值的影響機制，發現一價定律偏離因素與三次產業間的互動影響機制較為穩定，而相對價格波動對三次產業發展的抑制效應在樣本末期發生了結構性改變。

另一方面，也有部分學者研究認為人民幣匯率升值不利於中國產業結構的優化升級。杜金岷和廖儉（2008）以廣東省為例，研究了人民幣升值對廣東省產業結構優化的影響。其中，人民幣升值對廣東省產業結構優化的影響途徑

主要包括直接效應和間接效應，直接效應主要指通過影響廣東省的出口和外商直接投資對產業結構產生影響，間接效應主要指通過影響廣東省的就業結構和產業轉移對產業結構產生影響。理論上，人民幣升值將對廣東省的出口帶來更大的壓力，也不利於廣東省對於外商直接投資的引入，對廣東省的就業結構和產業轉移的負面效應也將大於正面效應，因此人民幣升值不利於廣東省產業結構的優化升級。研究結果也表明，廣東省產業結構優化指標的改善步伐將有所減慢。曹垂龍（2009）將匯率作為槓桿和政策的工具，認為在理論上人民幣升值可以通過4種途徑推動中國的產業結構升級，即人民幣升值導致出口成本上升而引起的「推動效應」、先進設備進口成本下降引起的「拉動效應」、外商直接投資對產業結構升級的「帶動效應」和因需求轉換而產生的中國經濟增長方式的「提升效應」。但在現實中，由於需要考慮中國經濟增長速度和質量的權衡、人民幣升值成本和收益的權衡以及受到中國產業結構升級從量變到質變的規律的制約，人民幣升值的實際績效遠小於其理論效應。因此，人民幣升值對中國產業結構升級存在理論和現實的悖論。謝杰（2010）分行業考察了人民幣升值對於中國經濟結構的影響，指出過大幅度的匯率升值在總體上對中國經濟產生不利影響，尤其是對紡織業等中國傳統優勢行業產生了根本性的負面影響，但適度升值產生的財富效應有利於服務業和建築業產出的增加。陳智君和施建淮（2015）針對外部實際匯率與產業結構的關係進行了研究。理論分析表明，外部實際匯率通過直接效應和間接效應對產業結構產生影響，直接效應包括成本效應和支出轉移效應對淨出口的提升，而淨出口的提升將產業分工效應、收入效應和城鎮化效應帶動其他部門產出的增加，因此對產業結構具有間接效應。實證研究證明，外部實際有效匯率貶值總體上有利於工業產出和服務業產出的增加，但對服務業產出的增加具有明顯的時滯性。

2.3.2 匯率變動對技術進步的影響

長期以來，匯率和技術進步的關係受到學術界的廣泛關注。Balassa（1964）和Samuelson（1964）提出的「巴拉薩-薩繆爾森效應」在討論經濟增長和實際匯率升值的問題中認為，開放部門生產率的提高導致開放部門和封閉部門的生產率產生差異，而這一生產率差異將導致匯率對購買力平價的偏離，得出了經濟增長較快的國家的貨幣將出現升值的結論。這是關於經濟增長和匯率的關係中最具影響力的理論假說之一。然而，從另一方面來看，目前關於匯率對技術進步的影響研究較少。

Krugman（1989）指出，貿易中收入彈性的不同和國家間增長率的不同會

對匯率的長期趨勢產生影響，增長速度較快的國家需要匯率的持續貶值使其他國家接受該國出口的增長。從市場需求的角度來看，匯率升值將會使這些國家中企業的市場需求發生萎縮，從而迫使企業通過實現技術進步以穩定市場份額，企業也在技術進步中推動了產業升級。Porter（1990）通過對建立在市場需求之上的國家間競爭優勢的討論對上述觀點表示支持，強調匯率的高估將迫使貿易部門提高生產率以應對市場份額的下降。Harris（2001）通過研究發現，匯率對生產率的增長存在短期和長期兩種效應。短期中，匯率貶值可能促進生產率的提高，原因在於市場需求的擴大促進了出口增長。但在長期內，匯率貶值將不利於生產率的提高，原因在於，從供給角度出發，持續的匯率貶值會使生產者缺乏提高生產率的動力。此外，匯率貶值也將減少「創造性破壞」的力量，這主要通過兩種途徑發揮作用，一是在一定程度上影響了企業的進入和退出進程，使低效率企業的發展時間更長，二是在技術變革期間降低了新興經濟增長部門原本可以獲得的資本—勞動比率的提升。

　　近年來，隨著新開放宏觀經濟理論的興起，部分學者從新凱恩斯主義理論的框架中探討匯率在技術進步中的重要作用。Aghion 等（2009）的研究表明，在包含黏性工資的開放宏觀經濟環境下，匯率波動與金融發展水準和宏觀經濟衝擊的性質之間的相互關係是非常重要的，較高水準的匯率過度波動對於資本市場不完善和金融衝擊是其宏觀經濟波動主要來源的國家來說，將對勞動生產率的增長產生阻礙作用，而對於金融發展水準較高的國家來說，匯率波動卻會對勞動生產率的提高起到促進作用。Benhima（2012）在分析債務美元化條件下匯率的靈活性對於勞動生產率增長和技術進步的影響時指出，外債中外匯的比率越高，匯率波動對勞動生產率增長和技術進步將產生越多的不利影響。從絕對數字來看，匯率的靈活性在高度美元化的國家對勞動生產率增長和技術進步具有削弱作用，而在低度美元化的國家對勞動生產率增長和技術進步具有強化作用。

　　在數據來源上，學者們分別從宏觀角度和行業角度對匯率的影響展開研究。Fung（2008）利用臺灣地區分行業的企業數據，研究了匯率大幅波動對企業營業額、生產規模和生產率增長的影響。理論模型顯示，本幣升值將引起大量企業倒閉，幸存的企業也將減少出口，但同時會激發其國內銷售的動力。因此，本幣升值引起的銷售規模和生產率的變化取決於國內銷售和出口的相對變化。Leung 和 Yuen（2009）採用加拿大製造業 1981 年至 1997 年行業層面的數據發現，資本—勞動比率與相對於勞動力價格的資本使用者成本之間存在負相關關係。在機械設備行業中，10%的永久性匯率貶值將降低 1.7%的資本—

勞動比率。但如果同時考慮機械設備行業占總資本的比例和資本份額在名義產出中的比重，加元貶值對勞動生產率的影響較小。

　　從研究對象上看，前期學者主要以發達國家為樣本進行了分析。Zietz 和 Fayissa（1994）在研究 1975 年到 1987 年美國 360 家製造企業的行為後指出，只有那些平均研發支出占銷售收入至少 3%的企業會增加研發支出以應對本幣升值的影響，而研發支出水準較低的企業面對本幣匯率升值時不會增加研發支出。這意味著只有研發密集型企業在競爭壓力下會付出更多的研發努力。Courchene 和 Harris（1999）發現，加拿大浮動的利率使實際匯率波動較大，匯率貶值並沒有為抵禦外部衝擊提供有效的緩衝，並可能導致長期的匯率失調。同時，加元的過度貶值阻礙了企業在出口和進口競爭方面生產率的提高，並導致投資向美國傾斜，也阻礙了知識密集型行業在加拿大的發展，使加拿大與美國之間的技術差距逐漸擴大，從而不利於加拿大的產業升級進程。Funk（2003）研究了美國製造業在面對本幣貶值時對研發支出的反應，在企業層面數據的基礎上指出，進口競爭的加劇將使純本國銷售的企業降低研發的努力，但對於擁有海外市場的企業來說，則會加大其研發力度。Tang（2009）構建的理論模型以加拿大的數據研究表明，在加元升值期間，加拿大的勞動生產率獲得了更高的增長，且集中度越高的外貿行業得到了越多的勞動生產率的提高。隨著近年來發展中國家匯率制度的改革和產業調整步伐的加快，也有越來越多的學者開始研究發展中國家匯率調整對於技術進步的影響。目前，許多學者針對發展中國家匯率制度的選擇對技術進步的作用進行了研究，發現其影響仍然具有非對稱性。Jeanneney 和 Hua（2003）利用 DEA Malmquist 指數計算了中國 29 省市的全要素生產率及其兩個組成部分，並研究了 1994 年以來人民幣實際匯率升值對中國全要素生產率的影響。結果表明，人民幣實際匯率升值對技術進步產生不利的影響，但對效率的增長產生有利的影響，而這兩種影響相互抵消部分對全要素生產率的增長有較小的負面影響。Husain 等（2005）在借鑑匯率制度分類數據的基礎上發現，許多國家似乎從擁有更加靈活的匯率制度中獲益，表現為更加富有和擁有更為深化的金融發展。對於發達國家來說，實施富有彈性的匯率制度更加有利於生產率的提高，而且不會出現更高的通貨膨脹。但是，對於較為貧窮的發展中國家來說，由於其對國際資本市場接觸較少，彈性匯率制度的效果不顯著，盯住匯率制度則更有利於其保持較低的通貨膨脹水準。Dubas 等（2005）在採用計量方法獲得更加細分的匯率制度分類的基礎上，研究了匯率制度和經濟增長的關係問題，指出穩定的匯率對於發展中國家的經濟增長具有積極的意義，表現出浮動恐懼症的國家擁有明顯的更高增

長率。Álvarez 和 López（2009）利用智利的製造業數據研究發現，本幣貶值將使出口部門採用更多的技能密集型技術。這一結論為實際匯率對技術升級和工資不平等造成影響的理論提供了支持，同時表明出口企業技能的升級是匯率貶值影響工資不平等的渠道。Fung 和 Liu（2009）以 20 世紀 90 年代末東南亞金融危機期間新臺幣的大幅貶值為背景，分析了匯率對企業出口、本地銷售、銷售總額、增加值和生產率的影響。結果表明，貨幣貶值導致生產率的提高可能是企業規模擴張的結果。Jeanneney 和 Hua（2011）在此前研究的基礎上，進一步研究了 1994 年以來匯率政策調整對於勞動生產率的影響，並依據省際數據實證分析得出，實際匯率升值對勞動生產率的增長產生了積極的影響，並且二者產生了良性的循環。同時，這種積極影響在內陸地區的表現強於在沿海地區的表現，有助於縮小內陸地區和沿海地區的差距。

2.4　文獻簡評

綜合以上分析，本書對文獻的內容總結如下：

第一，在對傳統實際有效匯率的測算中，學者們已分別從貿易流的確定、貨幣籃子的選擇、競爭力權重的確定和平減指數的選擇等方面進行了研究，取得了豐富的研究成果。基於不同的研究目的，若一國貨幣在貿易流、貨幣籃子、競爭力權重和平減指數的選擇上有所不用，則根據不同的研究數據可能使該國貨幣的實際有效匯率產生差異。

第二，關於匯率變動對產業結構的影響方面，國內外學者主要從匯率變動對國際貿易和外商直接投資的影響，以及國際貿易和外商直接投資對於產業結構調整的影響方面進行了大量研究，在理論和實證方面都取得了豐富的研究成果。比如，在理論的探討上，國外學者首先就匯率對國際貿易和外商直接投資的影響做了大量的基礎性研究，為後期國內外學者的進一步研究奠定了紮實的理論基礎。在此基礎上，後期的國內外學者進行了富有成效的研究，也得到了大量不同的研究結論。這些差異性結論，與不同學者的研究角度、方法選擇和國別立場的不同有所關聯。針對人民幣匯率變動對於產業結構的影響，大部分國內學者在國外經典理論的基礎上進行改進，從自身的研究角度提出不同的假設和研究方法，在得到的研究結論上也存在差異。

第三，關於匯率變動對技術進步的影響研究，學者們從不同角度對其進行瞭解釋和檢驗。從市場角度來看，匯率升值對技術進步的促進作用主要來自企

業市場份額的下降，迫使企業加快技術更新以穩定市場份額，或由於「創造性破壞」激發了企業提高生產率的動力。在新凱恩斯主義理論的框架下，國內高度發達的資本市場在匯率升值對技術進步的促進作用中起到了關鍵作用。從研究對象來看，大部分學者的研究表明當發達國家和發展中國家出現匯率升值時，對技術進步將產生不同的影響。其中，對於發達國家來說，由於匯率升值產生的競爭壓力將促進這些國家的技術進步，儘管部分研究表明技術進步的發生仍需要一定的條件支撐。但對於發展中國家來說，匯率升值往往不利於技術進步的產生，或在不同的部門間對技術進步產生了非對稱的影響。

同時，本書認為現有研究仍然可能存在以下方面有待改進：

第一，在垂直專業化分工下，忽略各國基於生產的增加值進行的貿易對其實際貿易額的影響，將使各貿易夥伴國的權重出現偏差，最終影響到本國有效匯率測算的準確性。同時，隨著交易成本的下降，國際貿易往來已不再局限於傳統的貨物貿易，許多傳統的不可貿易品逐漸變成可貿易品。在垂直專業化中，各國在產品生產的每一個環節都將展開競爭，一國生產的最終產品中包含了諸多國家的物質或服務投入。因此，實際有效匯率也應當反應垂直專業化分工中真正的價值競爭，而不是整個最終產品的競爭。

第二，在匯率變動對產業結構的影響研究中，目前大多數研究對於產業結構的刻畫通過各產業在生產總值中的比重進行衡量。然而，產業結構升級包括各產業之間的比例更加協調和增加值較高的環節佔據國民經濟主導地位兩個方面，即產業結構合理化和產業結構高級化，兩個指標的刻畫將對理解產業結構升級更加完善。同時，通過對現有文獻的回顧可以發現，由於缺乏經典的理論，目前大多數研究主要通過時間序列的 VAR 模型、協整檢驗、Granger 因果檢驗和脈衝回應從總體上對匯率變動對產業結構升級的短期動態影響關係和長期均衡關係進行研究，而從更加細化的地區層面對產業結構升級的研究相對較少。對於匯率變動對技術進步的影響，本書也認為不僅需要從全要素生產率角度對生產率進行進一步刻畫，也需要從更加細緻的層面對匯率變動對生產率的影響進行更加全面的分析。

第三，在政策的指導上，目前大多數研究針對產業升級的某些角度進行了詳細、嚴謹的產業規劃，但本書認為對產業升級的政策制定仍需深入化、系統化和多角度化。因此，本書從省際和行業兩個中觀層面出發，對中國的產業升級進行了更加細緻的研究，目的是明確中國匯率變動對產業升級在不同維度上的影響機制和路徑，從而使得根據研究結果得出的政策建議具有更加全面的指導意義。

綜上所述，在經濟全球化的形勢下，人民幣匯率已經經過了一定時期的匯率改革，中國在全球經濟發展中的角色也在不斷發生著深刻的變化。只有不斷深入認識人民幣匯率的內涵，並準確把握中國在全球經濟發展中的定位，才能夠因地制宜地制定有效的匯率政策和產業發展政策，實現匯率的合理波動，並對產業發展產生積極的作用，使中國產業在全面、穩定、可持續地發展中持續升級。

3 人民幣實際有效匯率的測算

3.1 匯率相關概念辨析

從廣義的概念上講，匯率是用一國貨幣表示的另一國貨幣的相對價格。但從不同的角度劃分，匯率又可分為多種價值表現形式，如名義匯率、實際匯率、名義有效匯率和實際有效匯率等。在同一種價值表現形式中，由於價值尺度的不同，匯率往往在測算結果上也存在較大的差異。其中，名義匯率（Nominal Exchange Rate）通常是指官方公布的一種貨幣與另一種貨幣的兌換價格，是交易雙方在外匯市場中實際能夠得到的貨幣數量，在這當中並沒有考慮通貨膨脹等因素對貨幣價值的影響。因此，名義匯率並不是兩種貨幣真實購買力的價值反應，而是主要根據市場供求等因素反應的貨幣價格。在此基礎上，如果將兩種貨幣所在國的價格因素考慮在內，將得到反應兩國貨幣真實購買力水準的實際匯率（Real Exchange Rate），用公式表示為 $e = E * \dfrac{P^*}{P}$（此處名義匯率採用直接標價法，即一定單位外幣的本幣價格）。其中，e 表示實際匯率，E 表示名義匯率，P^* 表示國外價格水準，P 表示國內價格水準。因此，實際匯率表示的是用兩國貨幣表示的相對購買力水準。需要指出的是，貨幣的主要職能是商品交換的媒介，貨幣交換的主要意義，是用一國的商品交換另一國的商品。而貨幣的出現，使原本的物物交換轉變為本國商品與本國貨幣的交換、本國貨幣與外國貨幣的交換以及外國貨幣與外國商品的交換三個階段。實際匯率將這三個階段聯繫起來，構成了商品交換的整個過程。

上述定義的實際匯率反應的是兩國整體上商品之間的交換比率，也被稱作外部實際匯率（External Real Exchange Rate）。從理論上講，除了兩國商品之間的交換外，在傳統的一國內部，由於可貿易品和不可貿易品的區分，一國的

總體價格水準不是由某一類商品單獨決定的,而是可貿易品和不可貿易品價格水準的加權平均。因此,反應可貿易品與不可貿易品價格比率的內部實際匯率(Internal Real Exchange Rate)應運而生。從定義出發,可以通過對外部實際匯率的分解,進一步分析外部實際匯率和內部實際匯率的關係。在計算方式上,外部實際匯率可以對數形式分解為

$$rer = ner + p^* - p = ner + a^* p_n^* + (1-a^*)p_t^* - ap_n - (1-a)p_t$$
$$= (ner + p_t^* - p_t) + a^*(p_n^* - p_t^*) - a(p_n - p_t) \qquad (3.1)$$

其中,rer 表示外部實際匯率,ner 表示名義匯率,p^* 和 p 分別表示國外和國內的價格水準,p_n^*、p_t^*、p_n 和 p_t 分別表示國外、國內不可貿易品和可貿易品的價格水準,a^* 和 a 分別表示國外和國內不可貿易品所占總體商品的比重。從式 3.1 中可以看出,若可貿易品滿足一價定律,即 $ner + p_t^* - p_t = 0$,則 $rer = a^*(p_n^* - p_t^*) - a(p_n - p_t)$。在研究實際匯率時,外國價格通常被視為不受本國經濟活動的影響,因此,實際匯率的變化通常在理論上被歸結為內部實際匯率變化的影響。但由於一價定律往往並不成立,以及經濟全球化使國家間的商品價格相互產生影響,在研究一國商品的國際競爭力時,仍將外部實際匯率作為主要指標。

總體上看,如果實際匯率下降,即本國貨幣升值,表示相同籃子本國商品可以換取更多數量的外國商品,將使本國居民收入增加,但也意味著本國商品的競爭力下降。相反,如果實際匯率上升,即本國貨幣貶值,表示相同籃子外國商品可以換取更多數量的本國商品,將使本國居民收入減少,但也意味著本國商品的競爭力增強。

然而,上述實際匯率存在的主要問題在於,其只反應了本國貨幣與一個貿易夥伴國的雙邊匯率(Bilatearl Exchange Rate)。從歷史上來看,在典型的金本位制和二戰後到 1973 年間的布雷頓森林體系下,各國貨幣均以黃金或美元為參照確定本國的匯率安排。在這種情況下,建立本國貨幣與黃金或美元的單獨比價,可以維持本國貿易的正常發展。自 1973 年 2 月布雷頓森林體系瓦解後,西方國家普遍實行浮動匯率制度。在經濟全球化的條件下,尤其是隨著歐元、日元、英鎊等世界主要貨幣在國際上的崛起後,盯住制度已不再適用於本國參與經濟全球化的發展模式,因此各國轉而使用參考一籃子貨幣的有效匯率確定本國在國際市場上的競爭地位。2005 年 7 月,中國人民銀行宣布開始實施「以市場供求為基礎、參考一籃子貨幣進行調節、有管理的浮動匯率制度」。在此措施下,8 月人民幣對美元一次性升值 2%,由 1 美元兌換 8.28 元人民幣升值到 1 美元兌換 8.1 元人民幣,開啓了長時間人民幣單邊升值的通

道。2015年12月，中國外匯交易中心發布CFETS人民幣匯率指數，將參考美元、歐元、日元、港元等一籃子貨幣計算的有效匯率作為人民幣匯率水準的主要參照。

有效匯率（Effective Exchange Rate）是一種貨幣相對於其他多種貨幣的加權平均，是更具有多邊意義的匯率測度指標，能夠反應這種貨幣在國際貨幣市場上總體的價值變化。由於有效匯率參考多種貨幣進行計價，而不是根據某種單一貨幣進行計價，因此能夠更為客觀地反應本國貨幣在國際上的競爭力。傳統上，有效匯率的構建主要是以加總的進出口貿易流為基礎進行測算，並未區分商品中各種價值的來源。由於當前垂直專業化分工已在國際貿易中扮演著越來越重要的角色，一國的出口商品並非完全是由本國生產資料完成的，相當一部分中間產品來源於進口，而一國的進口商品也並非完全在國內進行最終消費，而是為了進一步加工出口。因此，一國的貿易額實質上只是在本國生產的增加值部分。從這個意義上說，以加總的貿易流為基礎測算得到的夥伴國權重將與夥伴國的價值生產能力產生偏差，無法反應一國在整個商品價值鏈中的真實地位，也無法適應垂直專業化分工給國際貿易帶來的新變化。相比之下，基於增加值的貿易為有效匯率的測算提供了更加精確的數據和方法。因此，本書將對基於增加值的有效匯率進行測算和評估，並以此為基礎展開進一步研究。

3.2 垂直專業化下增加值的核算方法

如前所述，忽略垂直專業化分工條件下各國基於生產的增加值進行的貿易對其實際貿易額的影響，將使各貿易夥伴國的權重出現偏差，最終影響到本國有效匯率測算的準確性。同時，在垂直專業化中，各國在產品生產的每一個環節都將展開競爭，一國生產的最終產品中包含了諸多國家的物質或服務投入。20世紀90年代，隨著全球價值鏈的興起，世界貿易組織也隨即展開了服務貿易的多邊談判，《服務貿易總協定》於1995年正式生效，各地區間關於服務貿易規則的談判也日漸展開。因此，傳統的不可貿易品逐漸變成可貿易品，其出口增加值也逐漸得以核算。目前，國際上已初步形成了貨物貿易與服務貿易一體化的格局，再加上投資協定的談判，全球價值鏈下增加值在國家間生產和轉移的格局正日趨成型。在此，本節將闡述垂直專業化下增加值的核算方法。從某種程度來說，基於增加值的有效匯率的構建主要是對貿易流的重新核算，由

對傳統的可貿易品加總的貿易流的核算轉變為對各國增加值貿易流的核算。

Krugman 等（1995）指出，在價值鏈分割下，傳統上由一國單獨完成的商品製造開始被分割成多個階段在不同的區域完成，每個階段完成定向的價值增值，這種分割化生產能夠明顯提升國際貿易的潛在規模。然而，傳統的貿易數據無法對產品的價值增值進行準確衡量。因此，對增加值的不同核算方法應運而生。

Hummels 等（2001）首次利用單位價值出口產品中所包含的進口投入價值對垂直專業化水準進行了衡量。垂直專業化水準是一國進口商品在該國出口商品中的貢獻率，通常表示為

$$VS_i = \frac{X_i}{Y_i} * M_i \qquad (3.2)$$

$$VSS_i = \frac{VS_i}{X_i} \qquad (3.3)$$

其中，X_i 表示一國 i 行業的出口額，Y_i 表示該國 i 行業的總產值，M_i 表示該國 i 行業在生產過程中投入的進口中間品的價值。因此，VS_i 表示該國 i 行業出口產品中包含的進口中間品的價值，VSS_i 即為該國 i 行業的垂直專業化水準，表示該國 i 行業單位出口產品中的國外增加值率。相應的，該國出口產品的國內增加值可表示為 $x_i = (1 - VSS_i) * X_i$。該公式暗含的假設條件是生產單位價值的出口商品與生產單位價值的非出口商品所需要的進口投入品價值相同。但是，正如 Daudin 等（2011）認為，這種垂直專業化水準並不是一個完備的指標，因為其忽略了許多跨國的貿易。為此，Koopman 等（2008）基於投入產出表提出了 KPWW 方法以更加完整地衡量增加值貿易，即通過對列昂惕夫（Leontief）逆矩陣乘以總出口和增加值的份額來測算一國的增加值貿易。然而，這一方法主要基於國家間的投入產出表，將其他所有國家視為一個整體，因而在各國相互關聯的情況下無法辨別本國和其他各國的具體聯繫，也忽略了其他國家的內部聯繫。同時，Lejour 等（2012）提出應當以總需求指標代替 KPWW 方法中的總出口指標。

隨後，Timmer 等（2014）將一國的全球價值鏈收入（GVC Income）定義為從別國的最終需求中獲得的增加值收入，包括直接收入和間接收入。根據這一理論，一國的國內生產總值可以被分解為從各個國家獲得的價值鏈收入，因此全球的生產總值也可以被分解到各個國家的價值鏈收入中。在此基礎上，他們基於世界投入產出表（WIOT）建立了國家層面的全球價值鏈收入模型，能

夠為全面核算各國的全球價值鏈收入提供統一的分析框架。在此，本書採用此方法進行實際有效匯率中增加值的核算。

在討論全球價值鏈收入模型之前，首先需要簡要說明國際生產分工體系（International Production Fragmentation）中任務分配的整體框架。利用多國間投入產出表，可以將一國的消費完全分解為與之相關的所有生產過程，並在全球範圍內追溯與之相關的價值來源。其中，主要根據列昂惕夫矩陣來追蹤國家間的價值貢獻程度。如圖 3.1 所示，在不同國家的不同生產階段，增加值將以不同的形式進入產品價值，從而形成國家間從收入到支出的關聯關係。接下來，我們利用世界投入產出表，在全球價值鏈中對中國的增加值進行核算。

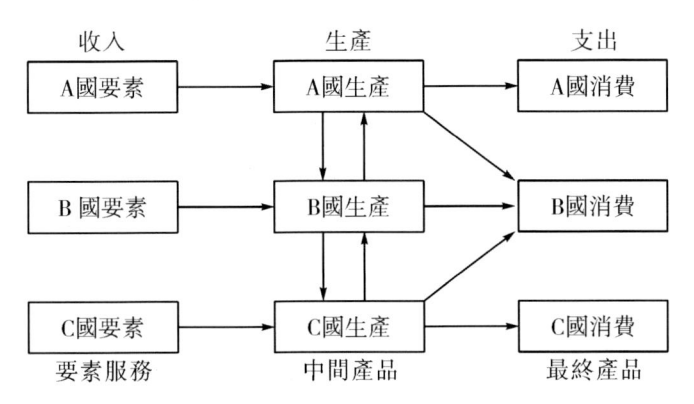

圖 3.1　國家間收入支出關聯關係

資料來源：參考樊茂清等（2014）的研究並根據國際分工中的價值產生過程設計。

根據以上分析，由於傳統的有效匯率主要是基於總體的貿易流對匯率進行綜合評估，無法反應日漸興起的垂直專業化分工背景下增加值貿易的發展現狀，因此，本書將利用世界投入產出表作為增加值貿易測算的數據來源，對人民幣實際有效匯率進行測算和評估。在世界投入產出表中，各國以及國內各行業的總投入等於總產出。從表 3.1 中可以看出，各國的生產價值被分解為包括本國和其他國家在內的中間使用，以及包括本國和其他國家在內的最終需求，而各國的國內生產總值也按照全球價值鏈分解為各國的增加值收入。因此，各國的總產出由本國和其他國家的中間使用和最終需求組成，各國的總投入由本國和其他國家的中間投入和本國的增加值構成。世界投入產出表為非競爭型投入產出表。

表 3.1　　　　　　　　　　世界投入產出簡表

投入產出		中間使用				最終需求				總產出
		國家 1	國家 2	……	國家 n	國家 1	國家 2	……	國家 n	
中間投入	國家 1	X_{11}	X_{12}	……	X_{1n}	Y_{11}	Y_{12}	……	Y_{1n}	X_1
	國家 2	X_{21}	X_{22}	……	X_{2n}	Y_{21}	Y_{22}	……	Y_{2n}	X_2
	……	……	……	……	……	……	……	……	……	……
	國家 n	X_{n1}	X_{n2}	……	X_{nn}	Y_{n1}	Y_{n2}	……	Y_{nn}	X_n
增加值		V_1	V_2	……	V_n					
總投入		X_1	X_2	……	X_n					

資料來源：根據世界投入產出表的數據結構設計。

基於世界投入產出表，可以得到以下恒等式：

$$X = AX + Y \tag{3.4}$$

其中，X 可以用向量表示為 $X = \{X_1, X_2, \cdots, X_n\}'$，$X_n$ 表示一國的總產出。Y 可以用向量表示為 $Y_i = \{Y_{i1}, Y_{i2}, \cdots, Y_{ik}\}'$，$Y_{ik}$ 表示 k 國對 i 國的最終需求。

$$A = \begin{pmatrix} A_{11} & A_{12} & \cdots & A_{1n} \\ A_{21} & A_{22} & \cdots & A_{2n} \\ \cdots & \cdots & \cdots & \cdots \\ A_{n1} & A_{n2} & \cdots & A_{nn} \end{pmatrix} \tag{3.5}$$

式（3.5）中，矩陣 A 為直接消耗系數矩陣，元素 A_{ij} 表示 j 國使用的 i 國中間產品。根據式（3.5），式（3.4）可以改寫為

$$\begin{pmatrix} X_1 \\ \cdots \\ X_n \end{pmatrix} = \begin{pmatrix} A_{11} & \cdots & A_{1n} \\ \cdots & \cdots & \cdots \\ A_{n1} & \cdots & A_{nn} \end{pmatrix} \begin{pmatrix} X_1 \\ \cdots \\ X_n \end{pmatrix} + \begin{pmatrix} Y_{11} & \cdots & \cdots & Y_{1n} \\ \cdots & \cdots & \cdots & \cdots \\ Y_{n1} & \cdots & \cdots & Y_{nn} \end{pmatrix} \tag{3.6}$$

由於式（3.4）可以轉變為 $X = (I - A)^{-1} Y$，因此式（3.6）可以進一步改寫為

$$\begin{pmatrix} X_1 \\ \cdots \\ X_n \end{pmatrix} = \begin{pmatrix} X_{11} & \cdots & X_{1n} \\ \cdots & \cdots & \cdots \\ X_{n1} & \cdots & X_{nn} \end{pmatrix} = \begin{pmatrix} I - A_{11} & \cdots & -A_{1n} \\ \cdots & \cdots & \cdots \\ -A_{n1} & \cdots & I - A_{nn} \end{pmatrix}^{-1} \begin{pmatrix} Y_{11} & \cdots & Y_{1n} \\ \cdots & \cdots & \cdots \\ Y_{n1} & \cdots & Y_{nn} \end{pmatrix}$$

$$= \begin{pmatrix} B_{11} & \cdots & B_{1n} \\ \cdots & \cdots & \cdots \\ B_{n1} & \cdots & B_{nn} \end{pmatrix} \begin{pmatrix} Y_{11} & \cdots & Y_{1n} \\ \cdots & \cdots & \cdots \\ Y_{n1} & \cdots & Y_{nn} \end{pmatrix} \tag{3.7}$$

其中，B 為列昂惕夫逆矩陣，設定 V 為單位總產出的增加值比例，即

$$V = \begin{pmatrix} V_1 & 0 & \cdots & 0 \\ 0 & V_2 & \cdots & 0 \\ \cdots & \cdots & \cdots & \cdots \\ 0 & 0 & \cdots & V_n \end{pmatrix}$$

則根據式（3.7），各國的增加值可以描述為

$$GVC = V(I-A)^{-1}Y \tag{3.8}$$

增加值比例滿足如下約束條件

$$V_i = u(I - \sum_j A_{ji})$$

其中，u 是各項值為 1 的向量。

3.3 基於增加值的人民幣實際有效匯率的測算

3.3.1 本書選用的方法介紹

根據以上分析，由於傳統的有效匯率主要是基於總體的貿易流對匯率進行的綜合評估，無法反應日漸興起的垂直專業化分工背景下全球價值鏈的發展現狀，因此，本書將利用世界投入產出表作為增加值貿易測算的數據來源，對人民幣實際有效匯率進行測算和評估。Bems 和 Johnson（2012）認為，在垂直專業化分工不斷加深的過程中，國家間已不再專注於生產整個產品，而是更加注重整個生產過程中某一階段或某一環節的增加值提升。因此，國家間面臨的競爭已轉變為能夠創造的增加值的競爭。相應地，實際有效匯率也應當反應垂直專業化分工中真正的價值競爭，而不是整個最終產品的競爭。

Bems 和 Johnson（2012）的研究為基於增加值的有效匯率的測算提供了一個新的理論框架。該方法能夠將基於增加值的有效匯率的權重測算方法寫成與傳統的有效匯率的權重測算方法相似的形式，而主要區別在於測算各國權重的數據選擇上，用各國的增加值貿易代替了傳統的總體貿易流，從而能夠為有效匯率提供一個符合全球價值鏈貿易視角的測算方法。該理論框架下，每一個國

家的總產出被視為一個加總的 Armington（1969）差異產品，同時被用作最終產品和中間投入，並假定產品結構為嵌套式的常替代彈性函數形式。

Bems 和 Johnson（2012）方法下基於增加值的實際有效匯率的對數差分形式可表示為

$$\Delta \log(VAREER_i) = \left[\sum_{j \neq i} \frac{1}{\overline{T}_i} \sum_k \left(\frac{p_i^v V_{ik}}{p_i^v V_i} \right) \left(\frac{p_j^v V_{jk}}{P_k F_k} \right) \right] (\hat{p}_i^v - \hat{p}_j^v) \quad (3.9)$$

$$\overline{T}_i = 1 - \sum_k \left(\frac{p_i^v V_{ik}}{p_i^v V_i} \right) \left(\frac{p_i^v V_{ik}}{P_k F_k} \right) \quad (3.10)$$

其中，i、j、k 代表不同的國家，p_i^v 表示國家 i 的國內實際增加值的價格水準，V_i 表示國家 i 的國內實際增加值，V_{ik} 表示國家 k 從國家 i 購買的實際增加值，P_k 表示國家 k 的最終產品價格水準，F_k 表示國家 k 購買的最終產品。

結合式（3.9）和式（3.10），基於增加值的有效匯率的權重可表示為

$$W_j^v = \frac{\sum_k \left(\frac{p_i^v V_{ik}}{p_i^v V_i} \right) \left(\frac{p_j^v V_{jk}}{P_k F_k} \right)}{1 - \sum_k \left(\frac{p_i^v V_{ik}}{p_i^v V_i} \right) \left(\frac{p_i^v V_{ik}}{P_k F_k} \right)} \quad (3.11)$$

式（3.11）中，W_j^v 表示 j 國貨幣在 i 國有效匯率中的權重。Saito（2013）指出，可以使用基於任務的實際有效匯率對 Bems 和 Johnson（2012）的基於增加值的實際有效匯率進行一階近似。基於任務的實際有效匯率測算的是當一國的任務或增加值的價格變動時，其他國家對這種任務或增加值需求的變化。在此，我們選擇這一方法對人民幣實際有效匯率進行測算，公式為

$$VAREER_i = \prod_{j \neq i} \left(\frac{q_i R_i}{q_j R_j} \right)^{w_j^v} \quad (3.12)$$

式（3.12）中，$VAREER_i$ 為測算國 i 的實際有效匯率，q 為生產要素價格，一般用 GDP 平減指數進行計算，R 為各國貨幣相對於美元的雙邊名義匯率，W_j^v 採用式（3.11）中樣本國的增加值貿易權重。式（3.12）在形式上與傳統的實際有效匯率較為相似，主要區別在於對價格指數的修正和對增加值的考慮，一是用 GDP 平減指數代替了傳統的消費者價格指數，能夠更好地反應不同國家生產成本的差異，更適合評估一國的國際競爭力，二是用基於增加值的貿易權重代替了傳統上基於貿易總量的權重，更適合評價國家在全球價值鏈下的競爭，因為生產者和消費者實際上是在生產和消費不同種類的增加值。同時，基於增加值的實際有效匯率的測算有賴於假設增加值、中間投入和最終產品之間

的投入相等，即生產和需求的彈性相等，本書仍將遵循這一假定，原因在於為保持與傳統實際有效匯率的可比性，並且根據 Bems 和 Johnson（2012）的研究，放鬆替代彈性並不影響其結果的穩健性（楊盼盼 等，2014）。此外，根據傳統實際有效匯率的研究，本書在遵循局部均衡的前提下，還將遵循以下兩個假設條件，使得行業層面的實際有效匯率能夠表示成如同加總的實際有效匯率一致的形式，即特定行業的匯率變動不會對宏觀經濟變量產生顯著衝擊，並且不同行業間的替代彈性較小（楊盼盼 等，2014）。根據 Bems 和 Johnson（2012）的研究以及世界投入產出表中實際行業的劃分，這兩個假設是合理的。從研究的實際需要出發，借鑑楊盼盼等（2014）的部分研究方法，下文將對基於增加值的人民幣實際有效匯率進行分析。

3.3.2 中國總體情況分析

通過以上研究，本書將根據式（3.12）計算基於增加值的人民幣實際有效匯率，並與傳統上國際清算銀行測算的人民幣實際有效匯率進行比較。在基於增加值的人民幣實際有效匯率的測算中，雙邊匯率來自於世界銀行統計數據庫的月度數據。各國 GDP 平減指數來自於國際貨幣基金組織 World Economic Outlook 數據庫的年度數據，在這裡，我們參照 Thorbecke（2011）的插值法將其轉化為月度數據。例如，在已有 1999 年和 2000 年年度數據的基礎上，由於 1999 年第三季度的中間值距離 1999 年的中間值有 1.5 個月，同時距離 2000 年的中間值有 10.5 個月，則 1999 年第三季度的數據由公式 $Q^3_{1999} = (10.5/12) * Q_{1999} + (1.5/12) * Q_{2000}$ 得到。同理，根據這一方法可以進一步得到年內各月度的數據。各國 CPI 平減指數來自於 OECD 統計數據庫的年度數據，同樣採用插值法轉化為月度數據。各國 GDP 平減指數和 CPI 平減指數均以 1999 年 1 月為基期。

本書測算的人民幣實際有效匯率期間為 1999 年 1 月至 2011 年 12 月，主要原因在於 1999 年 1 月 1 日歐元區成立，歐元開始在國際金融市場上流通。同時，由於目前 WIOD 數據庫的投入產出表截至 2011 年，因此本書選擇此時間段作為研究區間。截至 2011 年，奧地利、比利時、芬蘭、法國、德國、愛爾蘭、義大利、盧森堡、荷蘭、葡萄牙、西班牙、希臘、斯洛文尼亞、塞浦路斯、馬耳他、斯洛伐克、愛沙尼亞相繼加入歐元區，在此本書將其作為整體進行處理。世界投入產出表中的其他國家和地區包括中國、澳大利亞、保加利亞、巴西、加拿大、捷克、丹麥、英國、希臘、匈牙利、印度尼西亞、印度、

日本、韓國、立陶宛、拉脫維亞、墨西哥、波蘭、羅馬尼亞、俄羅斯、瑞典、土耳其、美國和臺灣。此外，需要說明的是，為了能夠更為準確地與傳統上國際清算銀行測算的人民幣實際有效匯率進行比較，本書在計算1999—2011年各年增加值權重的基礎上，分別取1999—2001年、2002—2004年、2005—2007年和2008—2010年每個時間段中3年權重的平均值，作為該時間段人民幣實際有效匯率的統一權重。這一做法能夠保持兩種測算方法在時間上的一致性。測算結果如表3.2所示。

表3.2　2008—2010年基於增加值的實際有效匯率和傳統的BIS實際有效匯率權重比較　　單位:%

\multicolumn{3}{c	}{VAREER}	\multicolumn{3}{c}{BIS REER}
排序	國家/地區	權重	排序	國家/地區	權重
1	歐元區	21.36	1	歐元區	19.56
2	美國	21.33	2	美國	18.98
3	日本	13.44	3	日本	15.42
4	韓國	8.39	4	韓國	8.15
5	澳大利亞	5.86	5	臺灣	5.84

數據來源：根據世界投入產出數據庫、國際貨幣基金組織World Economic Outlook數據庫和OECD統計數據庫相關數據由權重公式計算而得。

首先，我們從權重角度考察各國家或地區在總體人民幣實際有效匯率中的分佈。以2008—2010年為例，在人民幣實際有效匯率的國家權重中，占據基於增加值的人民幣實際有效匯率權重較高的前5位國家或地區分別為歐元區、美國、日本、韓國和澳大利亞，占國際清算銀行測算的人民幣實際有效匯率權重較高的前5位國家或地區分別為歐元區、美國、日本、韓國和臺灣。由此可見，兩種算法在權重的國家或地區選擇上基本一致，但仔細考察，各個國家或地區所占的權重有所差別。其中，基於增加值的人民幣實際有效匯率在歐元區、美國和韓國的權重分別比傳統人民幣實際有效匯率高出1.8、2.35和0.24個百分點，在日本的權重比傳統人民幣實際有效匯率低1.98個百分點，而二者在第五位權重的國家選擇上出現差別，占據基於增加值的人民幣實際有效匯率權重第5位的國家為澳大利亞，而占據傳統人民幣實際有效匯率權重第5位的地區為臺灣。

增加值實際有效匯率指數和BIS實際有效匯率指數的比較如圖3.2所示。

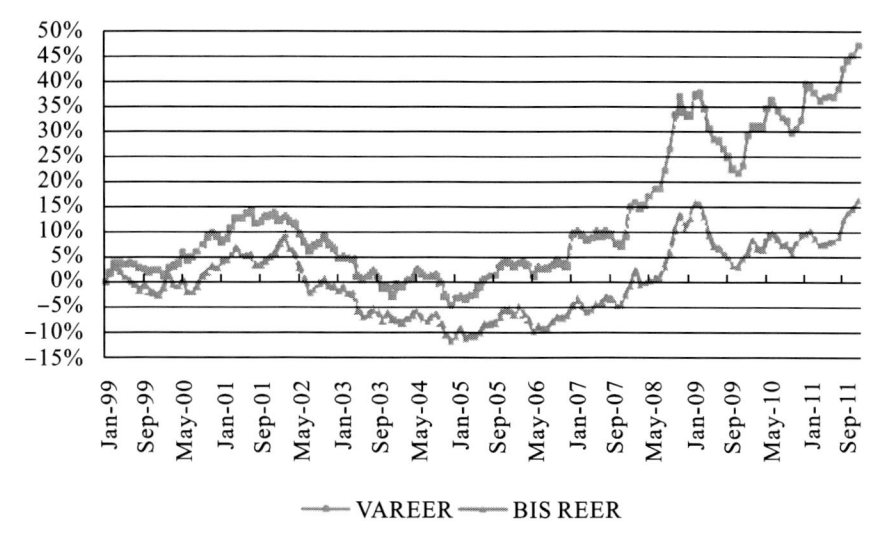

圖 3.2　增加值實際有效匯率指數和 BIS 實際有效匯率指數的比較

數據來源：VAREER 根據世界銀行統計數據庫、世界投入產出數據庫、國際貨幣基金組織 World Economic Outlook 數據庫和 OECD 統計數據庫相關數據由 VAREER 公式計算而得，BIS REER 來源於 BIS 數據庫。

通過基於增加值的人民幣實際有效匯率指數與傳統上國際清算銀行測算的人民幣實際有效匯率指數的比較可以發現，二者的發展趨勢基本一致，但二者在變化幅度上出現了較大的差異，且二者的差異正在逐漸擴大。從總體上看，1999 年 1 月至 2011 年 12 月，基於增加值的人民幣實際有效匯率指數的上升幅度明顯超過了國際清算銀行測算方法下的人民幣實際有效匯率指數的上升幅度。其中，根據國際清算銀行測算基礎上的人民幣實際有效匯率的指數上升幅度僅為 16% 左右，而基於增加值的人民幣實際有效匯率指數的上升幅度超過了 47%。同時，二者均在 2001 年年底至 2002 年年初和 2009 年年初出現了明顯的峰值，傳統的人民幣實際有效匯率指數的上升幅度約為 9% 和 15%，基於增加值的人民幣實際有效匯率指數的上升幅度達到了 13% 和 37%。

3.3.3　分行業情況分析

從以上基於增加值的人民幣實際有效匯率的測算可以看出，總體上人民幣實際有效匯率在 1999 年 1 月至 2011 年 12 月出現了明顯的升值趨勢。下面，我們將分行業考察不同行業間人民幣實際有效匯率的變化情況，並考察不同國家在不同行業間的權重分佈。世界投入產出表中總共分為 35 個行業，但對於中國而言，其 19 項「銷售，維修機動車和摩托車，零售燃料」和 35 項「私人家

庭服務」的數據均不可獲得。因此，本書測算了其餘33個行業的人民幣實際有效匯率（見表3.3），各行業名稱可見表3.4。

表3.3　　2008—2010年各行業增加值實際有效匯率權重比較　　單位:%

行業1		行業2		行業3		行業4	
美國	32.86	俄羅斯	18.15	印尼	24.82	歐元區	19.67
巴西	26.48	澳大利亞	16.91	歐元區	14.35	日本	18.90
歐元區	7.50	加拿大	11.41	美國	14.06	美國	10.09
加拿大	5.52	美國	11.02	日本	12.79	土耳其	9.68
澳大利亞	5.34	印尼	9.33	韓國	6.24	韓國	8.00
行業5		行業6		行業7		行業8	
美國	32.97	歐元區	22.98	美國	33.28	美國	26.31
歐元區	20.36	美國	20.00	歐元區	19.93	日本	18.27
俄羅斯	16.23	日本	11.89	日本	15.40	歐元區	15.89
日本	7.37	加拿大	9.66	加拿大	5.19	俄羅斯	7.52
英國	3.67	印尼	7.42	英國	4.44	韓國	5.81
行業9		行業10		行業11		行業12	
歐元區	25.71	歐元區	26.17	歐元區	30.85	歐元區	27.79
美國	23.56	美國	21.38	美國	17.04	美國	20.76
日本	15.23	日本	18.15	日本	11.11	日本	16.99
韓國	6.80	韓國	6.34	印度	6.38	韓國	5.27
印度	4.53	英國	4.18	韓國	4.51	印度	4.22
行業13		行業14		行業15		行業16	
歐元區	34.54	美國	29.31	歐元區	26.15	印度	31.18
美國	20.13	歐元區	22.04	日本	24.12	美國	30.77
日本	14.25	日本	14.70	美國	21.55	歐元區	14.88
韓國	8.04	韓國	11.23	韓國	8.14	加拿大	3.95
印度	4.61	臺灣	7.49	英國	3.16	日本	3.79
行業17		行業18		行業20		行業21	
歐元區	47.35	歐元區	78.41	歐元區	33.84	韓國	44.74
美國	12.14	波蘭	7.67	日本	24.35	美國	22.37
加拿大	9.36	澳大利亞	5.39	美國	17.27	澳大利亞	9.00
韓國	6.23	瑞典	4.03	俄羅斯	9.52	加拿大	5.49
日本	4.83	匈牙利	1.60	韓國	4.51	歐元區	5.32

表3.3(續)

行業 22		行業 23		行業 24		行業 25	
澳大利亞	22.34	歐元區	27.15	歐元區	32.82	美國	33.64
英國	17.90	美國	12.15	日本	31.03	歐元區	20.00
歐元區	16.89	澳大利亞	10.23	韓國	11.26	日本	15.23
加拿大	13.29	日本	8.89	英國	5.42	澳大利亞	10.83
日本	10.74	俄羅斯	7.84	美國	4.14	韓國	6.17
行業 26		行業 27		行業 28		行業 29	
歐元區	41.66	歐元區	37.45	美國	24.66	歐元區	55.91
美國	22.84	澳大利亞	17.11	歐元區	20.10	瑞典	34.70
日本	10.88	韓國	8.41	日本	18.69	匈牙利	4.35
英國	4.96	美國	6.80	韓國	12.31	捷克	1.44
韓國	4.47	日本	5.66	英國	11.79	波蘭	1.32
行業 30		行業 31		行業 32		行業 33	
美國	46.38	美國	87.88	歐元區	60.08	澳大利亞	39.07
歐元區	30.86	韓國	6.15	澳大利亞	31.24	歐元區	25.47
英國	6.23	歐元區	3.75	英國	3.45	英國	14.55
日本	4.48	日本	0.58	韓國	2.12	瑞典	6.00
瑞典	2.73	瑞典	0.48	美國	0.96	加拿大	4.74
行業 34							
歐元區	43.57						
美國	25.89						
英國	9.21						
澳大利亞	7.18						
韓國	2.78						

數據來源：根據世界投入產出數據庫、國際貨幣基金組織 World Economic Outlook 數據庫和 OECD 統計數據庫相關數據由權重公式計算而得。

首先，我們仍從權重角度考察各國家或地區在分行業人民幣實際有效匯率中的分佈。從 33 個行業權重的國家或地區地理分佈來看，中國大部分行業的人民幣實際有效匯率的權重最主要來自於歐元區和美國，其次來自於日本、巴西、俄羅斯、澳大利亞和加拿大等國。其中，歐元區在中國 18 個行業的人民幣實際有效匯率中權重最高，美國在中國 9 個行業的人民幣實際有效匯率中權重最高，其餘國家在某個特定行業的人民幣實際有效匯率的權重中佔有首要位

置。再從中國的產業分佈來看，中國第一產業的人民幣實際有效匯率的權重將近1/3來自美國，其次在南美洲、歐洲、北美洲和大洋洲各有國家或地區分佈，前5個國家或地區的權重總和已占總權重的77.7%。第二產業中，尤其是在製造業中，人民幣實際有效匯率的權重主要來自歐元區，其次是美國，日本在部分行業中也佔有重要權重，表明歐元區、美國和日本仍是中國製造業的主要貿易夥伴。與第一產業和第二產業相比，中國第三產業的人民幣實際有效匯率權重的國家或地區分佈相對分散，雖然歐元區和美國在其中仍占據主要位置，但澳大利亞、英國、韓國以及瑞典、匈牙利等國家在部分行業中的權重地位已逐漸顯現。

表3.4　　1999—2011年各行業人民幣實際有效匯率升值幅度　　單位:%

編號	行業名稱	升值	編號	行業名稱	升值
1	農林牧漁業	26.17	18	建築業	48.51
2	採掘業	33.22	20	批發貿易和經紀貿易業	42.56
3	食品，飲料和菸草業	22.31	21	零售貿易、家用商品修理業	39.49
4	紡織材料和紡織製品業	44.89	22	酒店和餐飲業	24.67
5	皮革、皮革和鞋業	45.31	23	內陸運輸業	25.44
6	木材、木材製品業	33.38	24	水路運輸業	55.73
7	紙漿、紙、印刷和出版業	48.99	25	航空運輸業	48.11
8	石油加工及核燃料加工業	35.62	26	其他輔助運輸活動;旅行社活動	54.21
9	化學品和化工產品製造業	51.88	27	郵政通信業	30.04
10	橡膠和塑料製品業	52.75	28	金融業	56.58
11	其他非金屬礦物製品業	44.11	29	房地產業	49.20
12	基本金屬及金屬製品業	47.70	30	租賃和商務服務業	59.41
13	機械設備業	55.36	31	公共管理與國防；社會保障	46.55
14	電氣和光學設備製造業	62.67	32	教育	26.10
15	運輸設備業	57.53	33	衛生和社會工作	22.37
16	其他製造業（含回收利用）	49.68	34	其他社區、社會及個人服務業	48.65
17	電力、燃氣、水的供應業	48.53			

數據來源：根據世界銀行統計數據庫、世界投入產出數據庫、國際貨幣基金組織World Economic Outlook數據庫和OECD統計數據庫相關數據由VAREER公式計算而得。

接下來，我們分析人民幣實際有效匯率在33個行業中的具體情況。從表3.4中可以看出，中國33個行業基於增加值的人民幣實際有效匯率在1999—

2011 年間都出現了升值，但第一產業、第二產業和第三產業中各行業的升值空間有明顯的不同。從表中可以發現，中國第一產業的人民幣實際有效匯率升值幅度僅為 26.16%，在所有行業中的升值幅度相對較小，而第二產業的人民幣實際有效匯率升值幅度總體上超過了第三產業的人民幣實際有效匯率升值幅度。因此，從產業分佈來看，中國傳統上可貿易品的匯率升值幅度仍然高於不可貿易品的匯率升值幅度。在第二產業中，人民幣實際有效匯率升值幅度較高的行業包括化學品和化工產品製造業、橡膠和塑料製品業、機械設備業、電氣和光學設備製造業和運輸設備業等行業，這些行業的人民幣實際有效匯率升值幅度都超過了 50%，其餘行業的人民幣實際有效匯率升值幅度也都基本超過了 30%，大部分行業的升值幅度超過了 40%。因此，總體上中國工業製成品的匯率升值幅度高於初級產品的匯率升值幅度。同時，在第三產業中，水路運輸業、輔助運輸活動、金融業以及租賃和商務服務業的人民幣實際有效匯率升值幅度相對較高，這些行業的實際有效匯率升值幅度均高於 50%，而郵政通信業、酒店和餐飲業、教育以及衛生和社會工作等行業的實際有效匯率升值幅度較小，這些行業的實際有效匯率升值幅度均低於 30%。由此可見，與傳統貨物貿易關係較為密切的服務行業的實際有效匯率升值幅度也高於其餘較少參與貨物貿易流程的服務行業的實際有效匯率升值幅度。

3.4　本章小結

　　由於忽略垂直專業化分工條件下各國基於生產的增加值進行的貿易對其實際貿易額的影響，將使各貿易夥伴國的權重出現偏差，最終影響到本國有效匯率測算的準確性。同時，在垂直專業化中，各國在產品生產的每一個環節都將展開競爭，一國生產的最終產品中包含了諸多國家的物質或服務投入。因此，實際有效匯率也應當反應垂直專業化分工中真正的價值競爭，而不是整個最終產品的競爭。本章在闡述基於增加值的人民幣有效匯率的構建方法的基礎上，在世界投入產出表的框架下對基於增加值的人民幣實際有效匯率進行了測算。本章所得到的主要結論如下：

　　第一，通過基於增加值的人民幣實際有效匯率指數與傳統上國際清算銀行測算的人民幣實際有效匯率指數的比較可以發現，二者的發展趨勢基本一致，但二者在變化幅度上出現了較大的差異，且二者的差異正在逐漸擴大。基於增加值的人民幣實際有效匯率指數的上升幅度明顯超過了國際清算銀行測算方法

下的人民幣實際有效匯率指數的上升幅度。其中，根據國際清算銀行測算基礎上的人民幣實際有效匯率的指數上升幅度僅為16%左右，而基於增加值的人民幣實際有效匯率指數的上升幅度超過了47%。

第二，中國大部分行業的人民幣實際有效匯率的權重最主要來自於歐元區和美國，其次來自於日本、巴西、俄羅斯、澳大利亞和加拿大等國。中國第一產業的人民幣實際有效匯率的權重將近1/3來自美國，其次在南美洲、歐洲、北美洲和大洋洲各有國家或地區分佈。第二產業中，人民幣實際有效匯率的權重主要來自歐元區，其次是美國，日本在部分行業中也佔有重要權重，表明歐元區、美國和日本仍是中國製造業的主要貿易夥伴。中國第三產業的人民幣實際有效匯率權重的國家或地區分佈相對分散，雖然歐元區和美國在其中仍占據主要位置，但澳大利亞、英國、韓國以及瑞典、匈牙利等國家在部分行業中的權重地位已逐漸顯現。

第三，中國不同行業基於增加值的人民幣實際有效匯率在1999—2011年間都出現了不同程度的升值。其中，第一產業的匯率升值幅度相對較小，第二產業的匯率升值幅度總體上超過了第三產業的匯率升值幅度。從產業分佈來看，中國傳統上可貿易品的匯率升值幅度仍然高於不可貿易品的匯率升值幅度，工業製成品的匯率升值幅度高於初級產品的匯率升值幅度，與傳統貨物貿易關係較為密切的服務行業的實際有效匯率升值幅度也高於其餘較少參與貨物貿易流程的服務行業的實際有效匯率升值幅度。

4 中國產業發展的演變分析

4.1 中國產業結構的演變

4.1.1 中國三次產業結構的演變

一國處於不同的經濟發展階段需要相應產業結構的支撐，因此產業結構的調整與本國的經濟發展相伴而生。中華人民共和國成立以來，經濟結構的不斷調整成為帶動中國經濟高速增長的重要因素。1949—1978 年，產業結構調整下的工農業扭曲發展使中國從落後的農業國迅速向工業大國轉變，基本改變了中國積貧積弱的局面。改革開放以來，在年均 10% 左右的經濟增速下，中國逐步從低收入國家邁入中等收入國家行列，2010 年按 GDP 計算中國已成為世界第二大經濟體。然而，2010 年以後中國經濟增速不斷下降，2012 年以來一直處於 8% 以下的水準，2014 年已降為 7.3%。要繼續保持中國的經濟發展勢頭，需要不斷尋找新的經濟增長點，推進產業結構戰略性調整迫在眉睫。

改革開放後，中國三次產業中第一產業的比重開始明顯下降，第三產業逐漸成為經濟發展的新興力量（見圖 4.1），工業內部結構也在 20 餘年中不斷調整，從 2000 年開始出現了顯著的發展差異（見圖 4.2）。1978 年黨的十一屆三中全會提出，把全黨的工作重點轉移到社會主義現代化建設上來。會議認為，中華人民共和國成立以來中國實行的計劃經濟體制存在嚴重的缺陷，權力過於集中，必須加以改革，從而拉開了改革開放的序幕，這也成為中國新一輪產業結構調整的開端。在此期間，中國的經濟建設也呈現了新的特點。第一，國家以指令分配計劃任務的範圍逐漸縮小，開始引導計劃和市場相結合的生產分配方式。第二，與國家計劃指令減少相配合的，是國有企業自主權的逐步擴大，在生產分配方面，國有企業開始向真正的市場微觀主體轉變。第三，國家逐漸意識到依靠市場調節價格的必要性，開始引入市場機制建立工農業產品的價格

體系，並進行了幾次較大規模的價格調整改革。總體上看，這些措施都有效地激發了中國產業結構調整的活力，使中國從之前失去的戰後經濟恢復發展黃金期中重新尋找到發展機會。

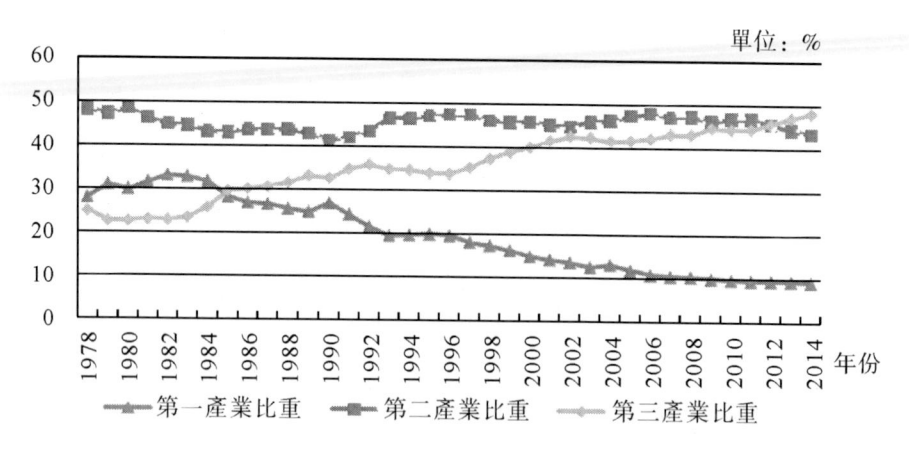

圖 4.1　1978—2014 年中國三次產業的產業結構情況

數據來源：1978—2014 年《中國統計年鑒》。

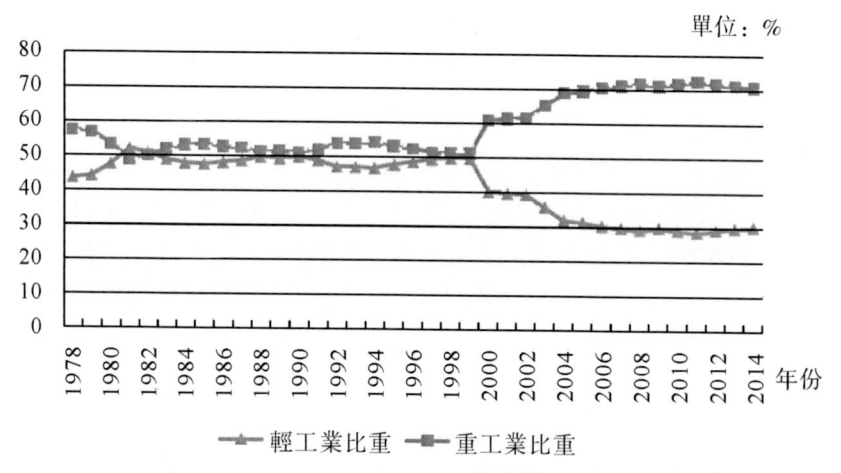

圖 4.2　1978—2014 年中國工業結構情況（單位:%）

數據來源：1978—2014 年《中國工業經濟統計年鑒》。

改革開放初期，在糾正文化大革命錯誤方針的同時，1979 年 4 月，黨中央提出「調整、改革、整頓、提高」的國民經濟發展方針。在此基礎上，中國逐漸調整經濟發展結構，產業結構開始得到新一輪的協調。1978—1984 年，中國主要通過減少工業基本建設投資，降低第二產業發展速度的方式提高第一

產業在國民經濟中的地位。1978—1984年，中國第二產業占國內生產總值的比重由47.71%下降到42.93%，取而代之的是第一產業占國內生產總值的比重由27.69%重新恢復到31.54%，同期工業總產值的增長速度低於農業總產值的增長速度10個百分點左右，第三產業在國民經濟中的分量仍在波動中略有下降。但與此同時，中國面臨的仍然是計劃經濟下企業活力不足，經濟效益低下等問題。為此，1981年，第五屆全國人大四次會議在北京召開，會議在《當前的經濟形勢和今後經濟建設的方針》中提出了以「千方百計地提高生產、建設、流通等各個領域的經濟效益」為核心的經濟發展十條方針。1982年，黨的「十二大」提出，要在「六五」期間把全部經濟工作轉到以提高經濟效益為中心的軌道上來。1984年10月，黨的十三屆三中全會提出了《關於經濟體制改革的決定》，在此後的經濟結構調整中，中國開始著手擴大企業的自主權以增強企業活力，並將經濟建設的重點開始由農村轉向城市。因此，從1985年開始，中國第一產業在國民經濟中的比重開始了持續的下降，年平均下降幅度達到6.76%。值得注意的是，從這一時期開始，與中國第一產業比重下降相對應的，並不是中國第二產業比重的相應上升，而是中國第三產業的迅速發展。從這一時期開始，中國第三產業逐漸進入了發展的高潮。1985年，中國第三產業增加值為2,670.7億元，占國內生產總值的29.35%。2012年，中國第三產業增加值首次超過第二產業增加值，開始出現了第三產業帶動經濟發展的新局面，此後這種趨勢更加明顯。2014年，中國已實現第三產業增加值308,058.6億元，占國內生產總值的47.84%。

在當前經濟服務化、服務全球化的時代，第三產業已發展成為帶動本國經濟增長的重要引擎，其在國民經濟中的地位不斷得到認可和重視。全球第三產業增加值占生產總值的比重已經超過70%，涉及第三產業的跨國投資占比接近2/3。從中國經濟的數據來看，中國經歷了由傳統農業大國變成工業大國，進而轉向現代農業、現代製造業與現代服務業協同創新的發展模式。從三次產業的貢獻率來看，20世紀80年代，雖然第一產業增加值在國內生產總值中的比重已經開始下降，但其對經濟增長的貢獻率在1981年和1990年出現了兩次明顯的回升，從20世紀90年代開始一直處於10%以下並持續降低。同時，第二產業和第三產業對經濟增長的貢獻率從20世紀90年代開始，大體呈現出此消彼長的關係，由於第一產業的貢獻率相對穩定，第二產業和第三產業的貢獻率形成相互彌補。從三次產業對經濟增長的拉動度來看，第一產業的作用從改革開放後一直較低，中國經濟主要靠第二產業，尤其是工業的拉動作用，第三產業對經濟的帶動作用與第二產業的趨勢基本相同，但2014年以前始終低於第

二產業的拉動作用。2013 年，第三產業在經濟增長的貢獻率和拉動度上達到 46.8%和 3.6%，接近第二產業 48.3%和 3.7%的水準，2014 年，第三產業的貢獻率和拉動度已全部超過第二產業的作用。

從 1978 年開始，中國工業內部結構也在不斷調整中取得發展。改革開放初期，中國仍基本沿襲改革開放前的工業發展目標，即建立獨立、完整、現代化的工業體系。1979—1984 年，中國在降低第二產業發展速度的同時，有計劃地調整了輕重工業的比重，放慢了重工業的發展步伐。在此期間，中國輕工業產值比重由 43.69%上升到最高值 50.23%；輕工業投資占工業總投資的比重也不斷上升，1979—1984 年，中國輕工業基本建設投資達到工業總投資的 15.5%。這一時期，中國輕工業中的機械工業和紡織工業得到了迅速成長，人們的消費種類快速擴大，生活水準有了較大的提高，中國長期以來重工業獨大而忽視輕工業發展的格局得到了一定程度的改善。1984 年，中國紡織工業實現總產值 1,082.94 億元，產值年均增長率達到 12.9%，是中國輕工業中唯一實現產值超過千億元的行業。輕工業的其餘行業中，機械工業、化學工業和縫紉工業的產值也增長較快，1984 年分別實現總產值 465.91 億元、317.35 億元和 178.67 億元，產值年均增長率分別達到 15.1%、12.7%和 12.1%。1985—1992 年，是確立市場經濟前期改革開放在中國得到全面推進的關鍵時期。這一時期，中國輕重工業的比例基本保持平衡，輕工業占比在穩定中略有下降，重工業占比則在穩定中略有上升。1992 年，中國輕工業總產值增長到 16 123 億元，占工業總產值的 46.6%，重工業總產值增長到 18,476 億元，占工業總產值的 53.4%。

同時，中國工業的技術改造進程也在不斷加快。1979—1984 年，中國用於技術改造的投資達到 1,677.14 億元，使得技術進步對新增工業產值的貢獻達到將近 2/3 的水準。在技術改造的影響下，中國擁有了一批具有現代化水準的技術和工藝，裝備製造的水準也明顯提高。重工業方面，中國已能夠製造冶金工業中 4,000 多立方米的大高爐，機械工業中 150 萬噸鋼鐵聯合企業成套設備、30 萬千瓦的火電機組和 3 萬噸模鍛水壓機等通用和專用設備，電子工業中的大中型計算機和衛星儀器等生產製造也初具規模，原料工業產值也由 964.3 億元增長到 1,292.1 億元，增長速度達到 6.5%。輕工業方面，電視機、電冰箱、洗衣機、錄放機、電風扇和照相機等在 1979—1984 年的生產規模都出現了幾十倍甚至一百倍以上的增長。1992 年，中國全社會工業固定資產投資、基本建設投資和更新改造投資分別由 1984 年的 783.42 億元、341.59 億元和 225.43 億元增長到 3,715.95 億元、1,458.3 億元和 1,076.65 億元。隨著中

國全社會工業固定資產投資、基本建設投資和更新改造投資的進一步增長，輕重工業的生產能力得到進一步的提升。1984—1992 年，中國鋼鐵和水泥產量由世界第 4 位和第 2 位上升至第 3 位和第 2 位，煤和原油等能源產量由第 2 位和第 6 位上升到第 1 位和第 5 位，糖料、化學纖維和電視機等輕工行業產量也有明顯的提升。

　　1992 年中共十四大的召開，標誌著中國改革開放進入社會主義市場經濟體制改革的新時期。1995 年，全社會固定資產投資中，只有 15% 左右來源於國家計劃直接安排的投資。國家計劃管理的工業產品已減少到 29 種，直接分配的產品減少到 11 種，市場調節的消費品價格和投資品價格分別占到 95% 以上和 90% 以上。同時，國有企業開始進行制度創新和結構調整的改革。從 1994 年開始，國家選擇部分企業進行試點，建立了現代企業制度。到 1997 年，參加試點的 2,500 多戶企業中，完成公司制改革的企業達到 80% 以上，初步建立了法人治理結構，投資主體開始多元化。1999 年，中國對國有企業進行戰略性改組，開始對部分適合採取股份制的國有大中型企業通過規範上市、中外合資等形式進行股份制改革，發展以國家控股形式為主的混合所有制經濟。這一階段，中國輕重工業比重只出現了小幅波動，輕工業占工業總產值比重由 1992 年的 46.6% 上升到 1999 年的 49.2%。

　　2001 年年底，中國正式加入世界貿易組織，為中國產業結構的調整帶來了新的機遇和挑戰。2002 年，黨的十六大指出，中國社會主義市場經濟體制已初步建立，市場化改革出現了顯著的新特點：一是市場經濟體制框架由構建階段向全面完善階段轉變，市場經濟理論更加注重自身的補充與完善；二是市場化改革由「點式」或「面式」突進向側重制度建設和頂層設計轉變，市場經濟理論更加注重縱向提升發展；三是改革從側重解決經濟體制內在問題向關注經濟社會整體協調發展轉變，市場經濟理論更加注重橫向統籌發展。[①] 此後，中國重點進行了農村綜合改革、國有控股上市公司股權分置改革、壟斷行業改革和國有商業銀行股份制改革等。從改革結果來看，中國基本確立了市場在資源配置中的基礎作用，逐漸完善了以公有制為主體、多種所有制經濟共同發展的基本經濟制度，現代市場體系基本形成。在此背景下，中國輕重工業的發展開始出現了明顯的分化。2001 年，中國輕工業占工業總產值比重保持在 39.16% 的水準，此後則出現了明顯的持續下降，到 2014 年，中國輕工業占工

---

① 胡長青. 黨的十六大後社會主義市場經濟體制改革及其理論發展評述 [J]. 經濟體制改革，2014（3）：17-20.

業總產值比重為 29.76%，相應的重工業占工業總產值比重已達到 70.24%。

4.1.2 中國產業發展的地區差異

在經濟結構問題上，產業體系起著基礎作用，是支撐經濟結構調整的核心。產業體系不僅決定著經濟體內各部門行業的資源配置取向，也影響著國民收入的初次分配，涉及效率和公平的平衡程度。從各國的發展經驗來看，一國在由農業經濟向工業經濟轉變的過程中，最初將形成追求數量擴張的傳統產業體系，而傳統產業體系的建立將通過有效率的資源配置帶動社會財富的增長，進而提高人們的收入水準。隨著人們收入水準的提高，多種層次的消費需求將取代單一的市場需求，經濟增長的動力也將由原來單純追求數量的增長轉變為追求質量和效益的提高，以現代農業、現代工業、現代服務業為主導的現代產業體系將形成對傳統產業體系的替代。現代產業體系以產業結構的合理優化為發展目標，以低能耗、低污染、高附加值的產業效率為發展方向，將現代信息技術和可持續發展理念等生產要素作為體系運轉的重要支撐力量融入傳統的人力資源和物質資本中，在產業結構的合理佈局中追求產品技術含量和創新能力的提升，最終實現三次產業之間及其內部關係的協調和升級。

進入 21 世紀後，中國逐漸認識到區域經濟發展的失衡問題，開始注重以縮小地區差距為重點的區域經濟協調發展，努力形成東、中、西部共同協調並各具特色的發展局面。2000 年 1 月，中國明確提出西部大開發戰略，部署實施西部大開發的重點工作。同年 10 月，中共十五屆五中全會把實施西部大開發、促進地區協調發展作為一項戰略任務。2003 年 3 月，中央又提出了振興東北老工業基地戰略。隨著科學發展觀的提出，統籌區域發展已成為中國新世紀經濟發展的重要戰略任務。「十一五」規劃中明確設置了促進「區域經濟協調發展」的獨立篇章，將中國劃分為東部地區、中部地區、西部地區和東北地區四大區域，鼓勵東部地區率先發展，促進中部地區崛起，對西部地區堅持推進西部大開發，對東北地區老工業基地在改革開放中實現振興。在「十一五」規劃的基礎上，「十二五」規劃提出實施區域發展的總體戰略，充分發揮不同地區比較優勢，促進生產要素合理流動，深化區域合作，推進區域良性互動發展，逐步縮小區域發展差距。

改革開放以來，中國東部地區依託區位優勢，實現了經濟的高速增長，尤其是長江三角洲、珠江三角洲、環渤海地區已經成為帶動中國經濟發展的重要增長極。2000 年以來，東部地區生產總值始終占據全國國內生產總值的 50% 以上，2005 年達到 59.46%。2014 年，東部地區實現生產總值 350,100.88 億

元，占全國國內生產總值的55.04%。同時，無論在產業結構升級、技術創新和體制創新等方面，東部地區始終走在全國前列，目前已成為亞洲甚至世界經濟最活躍的地區之一。從產業結構來看，東部地區的產業結構已逐漸優化。經過長期的改革發展，東部地區第一產業的比重不斷減少，2014年僅占地區生產總值的5.75%。同時，東部地區第二產業比重也出現下降，2014年占地區生產總值的45.47%，其中工業增加值已下降到地區生產總值的40.22%。相反，服務業在地區生產總值中的比重不斷增家，已由2000年的42.53%上升到2014年的48.76%。從2009年開始，東部地區服務業增加值已超過工業增加值，2013年全面超過第二產業增加值，成為帶動經濟發展的首要支柱。

近年來，東部地區企業創新形式不斷多樣化，高新技術企業單位數和平均從業人員數占全國的比例將近70%，產品出口交貨值占全國的85%以上。2000年以來，東部地區的高技術產業產品創新系數大體呈現出U型變化趨勢。新世紀之初，東部地區高技術產業產品創新系數為0.28，此後持續降低，一直降到2005年的0.21。從2006年開始，該系數開始上升，達到2011年的0.26。雖然如此，東部地區的高技術產業產品創新系數仍處於全國首位，基本高於同期東北地區的產品創新系數3~12個百分點，與中西部地區更有較大的差距。此外，東部地區在制度改革創新中處於優先地位。2013年9月29日，中國（上海）自由貿易試驗區掛牌成立，重點推進貿易、投資、金融等領域的制度創新。上海自貿區建立了以負面清單管理為核心的投資管理制度，貿易監管制度以貿易便利化為重點，力爭實現資本項目可兌換和金融服務業開放。目前，上海自貿區已累計出抬自貿區監管創新制度31項，其中有14項制度已在全國複製推廣。

自2000年國家發布《關於實施西部大開發若干政策措施的通知》以來，中國在持續推進西部大開發的過程中取得了顯著成就，西部地區的經濟實力大幅提升，與東部地區的發展差距得到有效控制。2000年，西部地區生產總值17,276.41億元，占全國國內生產總值的17.32%，此後呈現明顯的上升趨勢。2014年，西部地區生產總值達到138,073.5億元，占全國國內生產總值的21.7%。從產業結構具體分析，西部地區第一產業增加值占全國第一產業增加值的比重由2000年的25.17%上升到2014年的28.16%，工業增加值比重由2000年的13.72%上升到2014年的22.21%，服務業增加值比重由2000年的17.21%上升到2014年的18.15%。由此可見，西部大開發以來，西部地區的主要產業都有了明顯的發展，在全國的相應比重都有所上升，其中以工業的發

展最為迅速。同期，中國加大了對西部地區煤炭、石油、天然氣、黑色金屬礦、有色金屬礦和非金屬礦的有效開發力度。2012—2014 年，西部地區對這些資源的開發占全國比重由 32.96% 上升到 34.32%，對資源的深加工也占到全國的 20% 以上。

　　2003 年，中共中央、國務院印發《關於實施東北地區等老工業基地振興戰略的若干意見》，對振興東北三省經濟做出全面部署。近年來，東北三省經濟積極轉型，體制機制創新取得突破，東北老工業基地振興取得了重大進展。2003 年，東北地區生產總值為 12,722.02 億元，占全國國內生產總值的 9.32%，此後出現了一定的下降。從 2010 年開始，東北地區生產總值重新占到全國國內生產總值的 9% 以上，並在前 3 年持續上升。東北地區的可持續發展，重在充分發揮產業和科技基礎較強的優勢，完善現代產業體系。目前，東北地區正加快農業發展方式的轉變，著力保護好黑土地、濕地、森林和草原，建設穩固的國家糧食戰略基地。2003 年，東北地區第一產業增加值占全國第一產業增加值的 9.48%，到 2014 年，相應比重增加到 11.01%。從總體形勢來看，東北地區工業的重點在於產業升級，資源型城市的可持續發展能力有待增強。2003 年開始，東北地區的工業增加值占全國的比重始終為 9%~11%，「十一五」前期間出現下降，「十二五」期間有回暖的趨勢，但仍未突破工業發展的瓶頸。

　　從東北地區內部的產業結構來看，東北地區在實現第一產業在全國地位穩固的同時，在地區內的產業比重開始下降，占地區生產總值的比重已由 2003 年的 12.65% 下降到 2014 年的 11.17%。與之相比，東北地區服務業的比重已由 2003 年的 39.55% 上升到 2014 年的 41.54%，而且金融等新興服務業快速發展，金融業在服務業中的比重由初期的 4.04% 上升到 2014 年的 11.12%。當前，東北地區產業發展的問題主要在於工業優勢產業的升級問題。自 2003 年東北老工業基地振興計劃提出以來，尚未完全整合優勢資源，推動企業「債轉股」資產處置，非公有制經濟和中小企業的發展受到限制，在推動傳統製造業與現代服務業融合發展方面也存在問題，制約了東北地區相關產業的改造和升級，直接影響到高技術企業的研發和投入。2003 年，東北地區高技術產業的產品創新系數為 0.32，而到 2011 年，此項系數已下降到 0.14，同時企業的利潤率也出現明顯下滑。

　　中國實施區域經濟發展規劃以來，中部地區以其獨特的地理位置和要素禀賦，在區域經濟協調發展中發揮著承東啟西的重要作用。2006 年《中共中央

國務院關於促進中部地區崛起的若干意見》頒布後，中部地區的經濟發展明顯加快，經濟實力有所增強，產業結構也處於不斷優化中。21世紀以來，中部地區切實加強對耕地的保護力度，重點加強糧食生產基地建設，積極推進農業產業化經營。10多年來，中部地區的糧食產量從2000年的14,027.94萬噸增長到2014年的18,247.84萬噸，累計增長30.08%，在全國糧食產量份額占比中長期穩定在30%以上，為糧食生產基地建設打下了堅實的基礎。同時，中部地區農用機械動力逐漸提高，從2000年的14,983.82千瓦時提升至2014年的33,212.23千瓦時，為提高農業綜合生產能力提供了有力保障。中部地區在注重糧食基地建設的同時，逐漸開始加強能源的開發和裝備製造業的發展。一方面，中部地區開始加強對煤炭等能源的有效開發，加強電網、電力基礎設施和大型煤炭基地的建設，並注重能源原材料精深加工能力的提高。「十二五」規劃以來，中部地區對煤炭開採和洗選相關產品的開發量一直保持在全國的30%以上，對石油、黑色金屬礦、有色金屬礦和非金屬礦的產品加工量也保持在全國的20%左右。另一方面，中部地區也開始加快現代產業體系的建立，大力發展高新技術產業和現代裝備製造業，努力承接東部地區和國際發達地區的產業轉移。然而，目前中部地區的資本產出率較低，基本維持在4%～5%。同時，由於中部地區主要承接發達地區的產業轉移，往往忽略自主創新能力的提高，其高技術產業的產品創新系數始終在0.02以下。2000年以後，中部地區為提高交通運輸能力，加快了公路幹線網絡、鐵路網和機場等綜合交通設施建設，鄭州、武漢等城市將自身打造為全國性交通樞紐。2000—2014年，中部地區旅客週轉量維持在全國的25%左右，貨物週轉量則由14.13%上升至最高值，即2013年的21.08%。

4.2 中國產業出口的增加值分析

4.2.1 中國產業出口的測算

長期以來，商品貿易對於廣大發展中國家來說，在促進經濟增長方面起到了不可忽視的作用。特別是對於中國這樣的發展中大國來說，長期的人口紅利和巨大的市場潛力都為中國的商品貿易提供了有利空間。改革開放以來，中國的商品貿易尤其是商品出口，對拉動中國經濟增長的作用不容忽視。經過30多年的發展，中國的商品貿易得到了顯著的發展，2009年中國的貨物貿易出

口已居世界首位。然而，長期以來困擾中國出口發展的因素依然存在，除了日益嚴峻的貿易摩擦和不斷緊縮的資源環境約束以外，中國貨物貿易出口存在的另一突出問題是出口產品質量有待提升、出口產品結構有待優化。在此背景下，中國政府提出了在保持出口貿易規模穩定增長的同時優化出口結構、轉變對外貿易發展方式的要求。因此，在考察一國的貿易競爭力時，除了需要考察本國出口貿易的規模指標外，還需要考察本國出口商品的結構指標。

如前所述，在經濟全球化的背景下，國際生產分工已由初期的產業間分工發展為產業內分工甚至產品內分工，垂直專業化分工已在國際貿易中扮演著越來越重要的角色。在此基礎上，產品的生產超出了國家的範圍，一國的出口商品並非完全是由其本國生產完成的，而是由生產工序上的不同國家共同完成的。相當一部分中間產品來源於進口。一國的進口商品也並非完全在國內進行最終消費，有些還要進一步加工出口。同時，當前的國際貿易中的商品也已超出了最終產品的範疇，更多轉向於零部件和半成品，一國的真正貿易額實質上只是在本國生產的物品的增加值部分。因此，要衡量一國產業或產品的貿易水準，傳統統計方法下的出口貿易規模已不再適用，因為其沒有剔除本國出口中所含的進口成分，無法反應本國的真實出口水準。也正如 Koopman（2012）指出，Rodrik（2006）和 Schott（2008）研究得到的中國出口產品的技術複雜度已部分接近發達國家水準的結論有失偏頗，因為他們忽視了出口產品中包含的進口成分。在此，本書認為，為彌補前期研究的不足，應以對本國增加值的衡量代替傳統研究中對貿易總量的衡量，以客觀反應一國出口產品的本國價值。國際貿易組織也指出，增加值貿易才能夠反應一國在國際貿易中的真實水準。

為更好地區分出口產品中的本國增加值和國外增加值，本書仍使用投入產出表作為分析本國產業增加值的數據來源。但是，與前述基於增加值的人民幣實際有效匯率測算方法不同的是，本書將通過國家投入產出表（NIOT）進行中國國內增加值和國外增加值的測算，測算數據來自 WIOD 數據庫中的 NIOD 數據庫。國家投入產出表與世界投入產出表相比，既有聯繫也有區別。國家投入產出表仍然分為 35 個行業，國內各行業的總投入與總產出相等。按照價值來源，本國的生產價值被分解為本國的中間使用和最終需求以及對其他國家的出口，其他國家對本國的生產價值被分解為本國的中間使用和最終需求，而本國的 GDP 也按照全球價值鏈分解為本國和其他國家的中間投入以及本國的增加值收入。因此，國家投入產出表仍為非競爭型投入產出表（見表 4.1）。

表 4.1　　　　　　　　　　國家投入產出簡表

投入產出		中間使用				最終需求			總產出
		行業1	行業2	……	行業n	消費	投資	出口	
中間投入	國內行業	行業1	X_{11}^D	X_{12}^D	……	X_{1n}^D	C_1^D	K_1^D	Z_1^D	Q_1^D
		行業2	X_{21}^D	X_{22}^D	……	X_{2n}^D	C_2^D	K_2^D	Z_2^D	Q_2^D
		……	……	……	……	……	……	……	……	……
		行業n	X_{n1}^D	X_{n2}^D	……	X_{nn}^D	C_n^D	K_n^D	Z_n^D	Q_n^D
	國外行業	行業1	X_{11}^F	X_{12}^F	……	X_{1n}^F	C_1^F	K_1^F	0	Q_1^F
		行業2	X_{21}^F	X_{22}^F	……	X_{2n}^F	C_2^F	K_2^F	0	Q_2^F
		……	……	……	……	……	……	……	……	……
		行業n	X_{n1}^F	X_{n2}^F	……	X_{nn}^F	C_n^F	K_n^F	0	Q_n^F
增加值		V_1	V_2	……	V_n				
總投入		Q_1^D	Q_2^D	……	Q_n^D				

資料來源：根據國家投入產出表的數據結構設計。

與世界投入產出表類似，在國家投入產出表中，也有如下恒等式：

$$\sum_{j=1}^{n} X_{ij}^D + C_i^D + K_i^D + Z_i^D = Q_i^D \quad (4.1)$$

$$\sum_{j=1}^{n} X_{ij}^F + C_i^F + K_i^F = Q_i^F \quad (4.2)$$

$$\sum_{i=1}^{n} X_{ij}^D + \sum_{i=1}^{n} X_{ij}^F + V_j = Q_j^D \quad (4.3)$$

其中，X 可以用向量表示為 $X = \{X_1, X_2, \cdots, X_n\}'$，表示國內外各行業的中間投入和中間使用，$C$、$K$ 和 Z 用向量分別表示本國對國內外各行業的最終需求，包括消費、投資和出口等，Q_n 表示一國的總產出。

$$A^D = \begin{pmatrix} A_{11}^D & A_{12}^D & \cdots & A_{1n}^D \\ A_{21}^D & A_{22}^D & \cdots & A_{2n}^D \\ \cdots & \cdots & \cdots & \cdots \\ A_{n1}^D & A_{n2}^D & \cdots & A_{nn}^D \end{pmatrix} \quad (4.4)$$

$$A^F = \begin{pmatrix} A_{11}^F & A_{12}^F & \cdots & A_{1n}^F \\ A_{21}^F & A_{22}^F & \cdots & A_{2n}^F \\ \cdots & \cdots & \cdots & \cdots \\ A_{n1}^F & A_{n2}^F & \cdots & A_{nn}^F \end{pmatrix} \quad (4.5)$$

若用式（4.4）和式（4.5）表示國內行業對國內外中間投入的直接消耗係數矩陣，元素 A_{ij} 表示本國 j 行業使用國內外 i 行業的中間產品，則式（4.1）~式（4.3）可以改寫為：

$$A^D Q^D + C^D + K^D + Z^D = Q^D \qquad (4.6)$$

$$A^F Q^D + C^F + K^F = Q^F \qquad (4.7)$$

$$uA^D + uA^F + A^v = u \qquad (4.8)$$

其中，A^v 為行業增加值率，u 為 $1 \times n$ 階單位矩陣。由式（4.6）可得

$$Q^D = (I - A^D)^{-1}(C^D + K^D + Z^D) \qquad (4.9)$$

其中，$(I - A^D)^{-1}$ 為列昂惕夫逆矩陣。根據 Hummels 等（2001）、Koopman 等（2008）和魏浩等（2015）的研究，本書將依據國家投入產出表對中國的出口情況進行測算。

$$VSS = uA^F (I - A^D)^{-1} \qquad (4.10)$$

$$x_i = (1 - VSS_i) * X_i \qquad (4.11)$$

式（4.10）是對國家投入產出表下國外增加值率的測算，式（4.11）為國內增加值的測算方法。

根據式（4.10）和式（4.11），表 4.2 給出了 1999—2011 年中國出口增加值的總體情況。1999—2011 年，中國的出口增加值總額表現為規模的不斷擴張，從 1999 年的 2,184 億美元增長到 2011 年的 20,861.89 億美元，漲幅在 8.55 倍以上。只有 2009 年由於受到金融危機的影響，中國出口增加值總額比上年有所下降，但仍保持了 13,332.17 億美元的出口規模。從表 4.2 中可以看出，除 2009 年以外，總體上中國出口的國內增加值也表現出明顯的上升趨勢，從 1999 年的 1,862.83 億美元增長到 2011 年的 16 152.33 億美元，漲幅在 7.67 倍以上。從國內增加值率來看，總體上中國出口的國內增加值率表現出「下降、上升、下降」的趨勢。其中，從 1999 年開始，中國出口的國內增加值率從 85.29% 下降到 2005 年的 73.51%，此後回升至 2009 年的 80.07%，而從 2010 年開始又出現了連續 2 年的下降。2011 年，中國出口的國內增加值率為 77.43%，意味著中國大約 1/4 的出口商品實際來源於國外進口商品。從總體趨勢來看，1999 年以來，中國出口的國內增加值率雖然經歷了自 2006 年開始的 4 年短暫上升期，但仍未恢復到期初水準，表明中國出口中國內生產的增加值比重明顯減少。

表 4.2　　　　　　　　　中國總體出口增加值情況統計　　　　　單位：億美元

年份	國內增加值	國內增加值率(%)	國外增加值	國外增加值率(%)
1999	1,862.83	85.29	321.17	14.71
2000	2,304.42	82.48	489.47	17.52
2001	2,490.56	83.24	501.51	16.76
2002	2,987.83	81.84	663.00	18.16
2003	3,798.45	78.32	1,051.71	21.68
2004	4,855.49	74.04	1,702.80	25.96
2005	6 151.05	73.51	2,216.13	26.49
2006	7,830.21	73.76	2,785.57	26.24
2007	9,986.09	74.41	3,433.95	25.59
2008	12,084.58	76.41	3,730.75	23.59
2009	10,674.49	80.07	2,657.68	19.93
2010	13,553.42	77.74	3,881.44	22.26
2011	16 152.33	77.43	4,709.56	22.57

數據來源：根據世界投入產出數據庫中中國投入產出數據（NIOT）計算而得。

　　根據本書前面對產業升級的定義，結合前期學者對產業升級的研究以及本書後面的研究需要，需要對中國製造業的出口情況進行單獨討論。在國家投入產出表中，製造業主要包括：食品、飲料和菸草業，紡織材料和紡織製品業，皮革、皮革和鞋業，木材、木材製品業，紙漿、紙、紙張、印刷和出版業，石油加工、煉焦及核燃料加工業，化學品和化工產品製造業，橡膠和塑料製品業，其他非金屬礦物製品業，基本金屬及金屬製品業，機械設備業，電氣和光學設備製造業，運輸設備業和其他製造業（含回收利用）14個行業。

　　表4.3 給出了1999—2011 年中國製造業出口增加值的總體情況。與中國出口增加值總額類似，1999—2011 年，中國製造業出口增加值也表現為規模不斷擴張，從1999 年的1,717.23 億美元增長到2011 年的17,569.66 億美元，漲幅在9.23 倍以上。2009 年由於受到金融危機的影響，中國製造業出口增加值比上年有所下降，為11,270.92 億美元。從表中可以看出，除2009 年以外，總體上中國製造業出口的國內增加值也表現出明顯的上升趨勢，從1999 年的1,433.37 億美元增長到2011 年的13,279.15 億美元，漲幅在8.26 倍以上。從國內增加值率來看，總體上中國製造業出口的國內增加值率也表現出「下降、上升、下降」的趨勢。其中從1999 年開始，中國製造業出口的國內增加值率

從83.47%持續下降到2005年的70.69%,此後回升至2009年的78.36%,而從2010年開始又出現了連續2年的下降。2011年,中國製造業出口的國內增加值率為75.58%,意味著中國製造業大約1/4的出口商品實際是國外進口商品。1999年以來中國製造業出口的國內增加值率雖然經歷了自2006年開始的4年上升期,但也沒有恢復到期初水準,中國製造業出口中國內生產的增加值比重也明顯減少。與中國總體出口情況相比,1999—2011年中國製造業出口增加值和製造業出口的國內增加值漲幅都較快,但同期中國製造業出口的國內增加值率卻相對較低。我們具體考察33個行業各自出口的國內生產情況。

表4.3　　　　　　　中國製造業出口增加值情況統計　　　　單位:億美元

年份	國內增加值	國內增加值率(%)	國外增加值	國外增加值率(%)
1999	1,433.37	83.47	283.86	16.53
2000	1,742.78	80.25	428.91	19.75
2001	1,858.98	80.97	436.91	19.03
2002	2,183.32	79.16	574.79	20.84
2003	2,841.44	75.44	925.05	24.56
2004	3,730.24	71.02	1,522.14	28.98
2005	4,823.48	70.69	1,999.95	29.31
2006	6,312.33	71.38	2,530.95	28.62
2007	8,185.15	72.23	3,146.91	27.77
2008	9,934.83	74.49	3,402.30	25.51
2009	8,831.89	78.36	2,439.03	21.64
2010	11,161.16	75.84	3,555.56	24.16
2011	13,279.15	75.58	4,290.51	24.42

數據來源:根據世界投入產出數據庫中中國的投入產出數據(NIOT)計算而得。

表4.4給出了1999年、2002年、2005年、2008年和2011年中國各行業出口國內增加值和出口國內增加值率的情況。對於中國而言,中國投入產出表中的第19項「銷售、維修機動車和摩托車、零售燃料」和第35項「私人家庭服務」的數據均不可獲得,第31項「公共管理與國防;強制性社會保障」的數據在部分年份也不可獲得,因此,本書在有效數據的基礎上對其餘各行業進行了測算。表4.4中,DVA表示出口國內增加值,DVAR表示出口國內增加值率,各行業的編號與表4.5相對應。從橫向上看,中國農林牧漁業的出口國內增加值在計算年份逐漸增加,2011年比1999年增長約2.96倍;但其出口國

內增加值率從 1999 年的 94.84%下降到 2005 年的 91.88%，此後雖有所上升，但 2011 年仍未恢復到期初水準。採掘業的出口國內增加值在經過 2002 年、2005 年和 2008 年的上升後，2011 年出現下降，但仍比 1999 年增長 2.6 倍；而採掘業的出口國內增加值率卻從 1999 年的 92.41%開始逐年下降，2011 年其出口國內增加值率僅為 85.13%，較 1999 年下降約 7.88%。

表 4.4　　　　　　　中國分行業出口增加值情況統計　　　　　單位：億美元

編號	1999 年 DVA	1999 年 DVAR（%）	2002 年 DVA	2002 年 DVAR（%）	2005 年 DVA	2005 年 DVAR（%）	2008 年 DVA	2008 年 DVAR（%）	2011 年 DVA	2011 年 DVAR（%）
1	41.47	94.84	53.48	93.91	75.27	91.88	100.25	92.32	164.21	92.50
2	24.56	92.41	67.32	91.36	85.90	85.94	103.82	85.72	88.42	85.13
3	83.74	93.46	101.00	92.24	178.28	88.89	299.49	88.48	448.43	88.73
4	323.63	83.83	428.88	82.03	877.65	80.60	1,523.37	84.41	2,063.38	85.32
5	84.00	84.22	110.38	82.11	183.60	80.75	305.83	83.77	439.23	85.28
6	17.19	88.12	22.71	86.81	46.97	82.37	78.24	83.82	90.42	83.14
7	17.65	87.00	27.12	86.12	35.07	81.24	49.67	81.48	73.72	81.23
8	13.60	82.77	33.14	75.84	50.75	63.89	68.17	57.50	78.81	56.46
9	88.94	85.03	120.00	82.01	270.93	75.16	621.60	75.49	885.75	75.65
10	76.93	83.16	96.20	81.51	188.40	74.29	348.54	76.31	546.96	76.62
11	45.23	89.85	46.48	87.65	85.97	83.05	154.49	83.56	222.17	83.08
12	123.06	86.10	174.62	82.81	396.35	74.61	888.00	74.15	936.88	72.68
13	65.04	86.46	124.26	82.65	322.78	74.10	867.91	77.83	1,099.34	76.54
14	388.67	77.97	684.87	71.25	1,813.09	61.06	3,751.98	67.32	5,023.22	69.63
15	40.12	85.83	65.74	83.30	183.69	74.52	515.67	77.78	747.35	77.08
16	65.85	88.09	148.78	86.84	189.66	83.67	462.34	85.35	622.60	85.23
17	3.75	92.00	5.59	90.29	9.81	84.16	12.17	82.64	14.81	82.19
18	3.63	88.13	9.68	84.70	25.39	80.15	54.53	81.98	72.78	81.67
20	117.76	93.07	210.11	91.72	337.03	90.44	505.30	92.17	679.83	92.56
21	24.36	93.07	43.47	91.72	69.72	90.44	104.53	92.17	140.64	92.56
22	25.93	94.63	39.32	93.52	70.57	90.72	112.75	90.41	152.00	90.98
23	16.30	93.46	40.74	91.61	66.97	87.72	102.46	88.00	137.53	88.15
24	18.12	89.68	62.72	87.73	134.22	83.11	246.96	83.51	331.10	83.57
25	22.80	89.51	45.18	87.06	89.22	77.74	159.20	76.85	213.41	76.89

表4.4(續)

編號	1999年 DVA	1999年 DVAR(%)	2002年 DVA	2002年 DVAR(%)	2005年 DVA	2005年 DVAR(%)	2008年 DVA	2008年 DVAR(%)	2011年 DVA	2011年 DVAR(%)
26	19.89	93.36	12.71	91.51	22.57	85.42	37.13	86.03	49.90	86.30
27	10.86	89.71	16.61	86.15	38.30	85.22	74.58	88.76	101.11	89.80
28	1.52	95.37	1.72	94.49	5.72	93.33	13.88	94.61	18.66	94.98
29	0.00	97.07	0.00	96.05	0.00	94.77	0.00	96.25	0.00	96.46
30	50.19	88.10	86.55	86.11	206.13	80.90	417.75	83.44	569.35	84.88
31	—	—	—	—	4.37	90.10	6.16	90.91	8.29	91.32
32	1.46	93.53	1.42	92.96	2.41	89.38	3.75	89.98	5.05	90.43
33	0.60	85.79	0.00	86.28	0.00	80.22	5.35	82.02	7.19	82.28
34	45.97	90.48	107.03	88.40	84.25	85.48	88.72	87.29	119.79	87.98

數據來源：根據世界投入產出數據庫中中國的投入產出數據（NIOT）計算而得。

表4.5　　　　　中國投入產出表編號與行業對應關係

編號	行業名稱	編號	行業名稱
1	農林牧漁業	18	建築業
2	採掘業	20	批發貿易和經紀貿易業
3	食品、飲料和菸草業	21	零售貿易、家用商品修理業
4	紡織材料和紡織製品業	22	酒店和餐飲業
5	皮革、皮革和鞋業	23	內陸運輸業
6	木材、木材製品業	24	水路運輸業
7	紙漿、紙、紙張、印刷和出版業	25	航空運輸業
8	石油加工、煉焦及核燃料加工業	26	其他輔助運輸活動、旅行社活動
9	化學品和化工產品製造業	27	郵政通信業
10	橡膠和塑料製品業	28	金融業
11	其他非金屬礦物製品業	29	房地產業
12	基本金屬及金屬製品業	30	租賃和商務服務業
13	機械設備業	31	公共管理與國防、強制性社會保障
14	電氣和光學設備製造業	32	教育
15	運輸設備業	33	衛生和社會工作
16	其他製造業（含回收利用）	34	其他社區、社會及個人服務業
17	電力、燃氣、水的供應業		

資料來源：根據中國投入產出表（NIOT）整理。

製造業方面，中國14個製造行業的出口國內增加值在1999—2011年都出現了逐年的增長。從絕對數來看，中國電氣和光學設備製造業的出口國內增加值增長最快，2011年比1999年增長4,634.55億美元，其次是紡織材料和紡織製品業以及機械設備業，二者2011年出口國內增加值比1999年分別增長1,739.75億美元和1,034.3億美元。其餘製造業行業中，化學品和化工產品製造業、基本金屬及金屬製品業、運輸設備業和其他製造業（含回收利用）的出口國內增加值增幅為500億~1,000億美元，食品、飲料和菸草業，皮革、皮革和鞋業，橡膠和塑料製品業和其他非金屬礦物製品業的出口國內增加值增幅為100億~500億美元，木材、木材製品業，紙漿、紙、紙張、印刷和出版業以及石油加工、煉焦及核燃料加工業的出口國內增加值增幅不足100億美元。從增長倍數來看，中國運輸設備業的出口國內增加值增幅最大，2011年比1999年增長17.63倍左右；其次是機械設備業及電氣和光學設備製造業，二者2011年出口國內增加值比1999年分別增長約15.9倍和約11.92倍；其餘各製造業行業的出口國內增加值與1999年相比漲幅均在10倍以內。然而，中國14個製造業行業的出口國內增加值率在1999—2011年卻出現了不同程度的正負變化。總體來看，除紡織材料和紡織製品業以及皮革、皮革和鞋業的出口國內增加值率呈現出「下降、上升」的趨勢外，中國其餘製造行業的出口國內增加值率在5年間均呈現逐年下降的趨勢。中國紡織材料和紡織製品業以及皮革、皮革和鞋業2011年的出口國內增加值率比1999年分別增長約1.78%和約1.26%，其餘製造行業的出口國內增加值率下降幅度為5%~35%。其中，石油加工、煉焦及核燃料加工業的出口國內增加值率下降幅度最大，2011年比1999年下降約31.79%；化學品和化工產品製造業、基本金屬及金屬製品業、機械設備業、電氣和光學設備製造業以及運輸設備業的出口國內增加值率下降幅度均超過10%；食品、飲料和菸草業，木材、木材製品業，紙漿、紙、紙張、印刷和出版業，橡膠和塑料製品業，其他非金屬礦物製品業以及其他製造業（含回收利用）的出口國內增加值率下降幅度均在10%以內。其他第二產業中，2011年中國電力、燃氣、水的供應業和建築業的出口國內增加值在絕對數上分別比1999年增長11.06億美元和69.15億美元；從增長倍數來看，2011年電力、燃氣、水的供應業和建築業的出口國內增加值分別比1999年增長約2.95倍和約19.05倍。但是，二者的出口國內增加值率在統計年份內也都出現了明顯的下降，電力、燃氣、水的供應業的出口國內增加值率持續降幅達10.66%左右，建築業的出口國內增加值率在2008年雖有所回升，但2011年與1999年相比仍然下降約7.33%。

中國服務業在總體上表現為出口國內增加值大幅提升，出口國內增加值率呈現「下降、上升」的趨勢。從服務業的出口國內增加值來看，批發貿易和經紀貿易業的出口國內增加值在絕對數上漲幅最高，2011年比1999年增長562.07億美元；其次是租賃和商務服務業，2011年比1999年增長519.16億美元；零售貿易、家用商品修理業，酒店和餐飲業，內陸運輸業，水路運輸業和航空運輸業的出口國內增加值漲幅均超過100億美元，其餘服務業的出口國內增加值漲幅在100億美元以下。水路運輸業、金融業以及衛生和社會工作的出口國內增加值增長倍數在10倍以上。從服務業的出口國內增加值率來看，除郵政通信業和公共管理與國防、強制性社會保障外，中國各行業的出口國內增加值率從2005年開始雖有所回升，但2011年與1999年相比均有下降。其中航空運輸業的下降幅度最高，達14.10%；其餘各行業的下降幅度在10%以內。

從縱向上看，總體上中國製造業的出口國內增加值顯著高於服務業，而出口國內增加值率卻明顯低於服務業。在製造業產業中，中國紡織材料和紡織製品業，皮革、皮革和鞋業等傳統優勢行業的出口國內增加值增長倍數較小，出口國內增加值率基本保持在80%~85%；而石油加工、煉焦及核燃料加工業，化學品和化工產品製造業，機械設備業，電氣和光學設備製造業以及運輸設備業等資本、技術密集型行業的出口國內增加值增長倍數較大，出口國內增加值率從2002年開始相對較低。在服務業產業中，中國批發貿易和經紀貿易業以及零售貿易、家用商品修理業等傳統行業的出口國內增加值率基本穩定在90%~95%，金融業和房地產業等相對不可貿易部門的出口國內增加值率基本穩定在93%~97%，其餘以運輸業、郵政通信業以及租賃和商務服務業為代表的新興可貿易部門的出口國內增加值率較低。因此，我們可以看出，隨著中國貿易開放度的提高，中國資本、技術密集型製造業的出口產品中越來越多的使用了進口中間品，中國的出口國內增加值多集中於傳統的勞動密集型行業；並且隨著服務業的逐步開放，中國的服務行業，特別是生產性服務業中也將更多包含國外增加值成分。

從中國各年的出口國內增加值的變化情況可以看出，自2001年中國加入世界貿易組織以來，中國已快速融入全球價值鏈的生產方式中，尤其是中國通過在全球價值鏈生產環節上的優勢在激烈的國際競爭中取得了領先。但是，從中國出口國內增加值率的變化情況來看，中國的出口情況卻不容樂觀。長期以來，中國的經濟增長表現為粗放式的外延型經濟增長，更多依靠大量的資源投入和產出進行產品產量和價格的競爭，而忽視了產品內在質量的提升。其具體表現為在中國的出口產品中大量使用了進口的中間產品，導致中國出口產品國

內增加值率的下降。在此過程中，已造成貿易摩擦日益增多等結果。如果忽視對進口中間品品質的把控，將不可避免地出現資源能源瓶頸和環境污染等問題，對中國貿易的可持續發展也將產生不利影響。

在這裡面，不乏中國特定時期貿易政策的作用。以製造業為例，自中國計劃加入世界貿易組織到2008年美國次貸危機和歐債危機期間，為履行中國的入世承諾，1997年10月後中國開始大幅度降低關稅，平均關稅降至17%。同時，隨著國內市場的逐步開放和全球價值鏈的發展，在《中華人民共和國外資企業法》《中華人民共和國中外合作經營企業法》和《中華人民共和國中外合資企業經營法》的修訂實施下，大量進口替代導向型外資和出口創匯型外資進入中國，大量跨國公司加大了對中國生產性工段的投入，尤其是中國資本、技術密集型行業的出口主要是通過加工貿易實現的。加工貿易對企業所需的進口中間品免收關稅，但企業生產的產品必須用於出口，否則企業將補交進口關稅。在這些政策的影響下，中國製造業企業開始大量使用進口中間品，導致在此期間中國出口國內增加值率的不斷下降。2008年美國次貸危機和歐債危機爆發後，各國經濟增長壓力增大，中國也面臨著外需下降的困境。此時，中國主要通過實施進口替代戰略應對外需下降的衝擊。同時，自2008年起，中國利用全球經濟增長緩慢的機遇，部分製造業開始「走出去」併購海外戰略資產，這些戰略資產通常具有更高的生產技術，從而促進了中國製造業的升級。「十二五」期間，中國恢復了擴大進口的貿易戰略，主要為擴大關鍵技術和關鍵零部件的進口以支持國內技術創新，以及保障市場對短缺型原材料的供應。因此，「十二五」期間中國的出口國內增加值率又出現下降。總之，改革開放以來，在全球價值鏈的蓬勃發展下，中國經歷了垂直專業化分工的發展高潮。中國通過加工貿易等方式進行「進口—出口」模式的生產，逐漸成為全球價值鏈中最大的「生產工廠」。從行業來看，中國石油加工、煉焦及核燃料加工業和裝備製造業的垂直專業化分工程度明顯高於其他行業，這些行業出口商品的國內增加值率受到的波動也較大。

全球價值鏈對中國的產業發展來說，提供了一個參與高效生產的發展機遇，但也容易使中國的產業發展趨於低端化，表現為行業出口國內增加值率的不足。中國在全球價值鏈中的地位偏低，這使中國陷入貧困式增長的困境。為此，中國主要採取了兩方面的措施。一方面，中國通過制定《外商投資產業指導目錄》和設立出口加工區等方式避免外資企業和本土企業直接競爭。另一方面，為避免本土企業因缺乏競爭而發展滯後，中國政府提出了轉變貿易發展方式的戰略任務，它主要是指通過提升中國在出口商品中的增加值率以優化

貿易結構，將中國的貿易發展模式從出口規模的擴張轉變為出口質量的提升，最終提高中國在全球價值鏈中的地位。其具體措施包括：調整出口退稅政策，將一部分高能耗、高污染行業的出口退稅率先行降低，同時開徵較高的出口資源稅；在利用外資方面，將外資企業和本土企業的所得稅率進行統一，而對本土企業的對外投資予以更多的鼓勵和支持；與相關國家和地區開展自由貿易合作，相互開放本地市場；等等。這些措施分別從產出、技術和市場等方面為提升中國的出口國內增加值率創造了條件，並為中國本土企業提高產品的貢獻率和價值鏈的競爭力提供了動力。

4.2.2 中國在全球價值鏈的地位分析

從以上對中國產業出口的增加值和增加值率的測算中可以看出，無論是總體層面還是產業層面，中國都表現出出口增加值快速增長，出口的國內增加值率不斷下降的特點。長期以來，中國憑藉充裕的勞動力資源，以加工和裝配貿易中「大進大出、兩頭在外」的生產方式，成為大量最終產品的出口國。在此背景下，中國雖然獲取了大量的貿易順差，企業也以較為簡單的方式獲取了組裝和加工費，但中國卻面臨著在全球價值鏈中被邊緣化的風險，中國在全球價值鏈中的地位是一個不容忽視的問題。因此，本書在對中國產業出口增加值和出口增加值率測算的基礎上，將對中國在全球價值鏈中的地位進行研究和討論。

隨著信息和通信技術的發展，新形勢下的國際分工使某一國家不再局限於生產特定的產品，而是更加側重於生產流程的專業化，即生產全球價值鏈中某種工序的產品。在全球價值鏈下，最終產品的生產從設計、研發到最終銷售，產品的各種形態依賴於相互承接的生產和貿易環節。各個環節中，相應的國家通過資本和勞動等創造特定的價值，完成本環節產品價值的增值並出口。在進口國中，該產品又將以中間投入品的形態進入新的生產工序，經過進一步加工後進行再出口，這一過程將在最終產品到達目標市場後結束。在此形勢下，傳統意義上對貿易總量的統計顯示出不適應性，在解釋國家的全球價值鏈地位上存在缺陷，因為從貿易總量中既無法體現該國產業的初始價值來源，也無法反應該國產品的最終價值走向。同時，傳統的統計方法將產品的價值增值過程完全作為最終產品到達目標市場的過程，將中間品的價值重複計算，顯然將導致生產工序中不同國家創造價值的統計偏差。因此，傳統貿易體系中的貿易數據並非是一國真實價值鏈地位的度量。

為了克服傳統貿易方法對各國真實貿易量的統計偏差，在此本書依然運用

世界投入產出表對各國在全球價值鏈中的地位進行分析。由於 $X_i = a_{ii}x_i + \sum_{j \neq i}^{n} a_{ij}x_j + y_{ii} + \sum_{j \neq i}^{n} y_{ij}$, $i = 1, 2, \cdots, n$ 為參與全球價值鏈的各個國家,其中等號右邊前兩項為 s 國滿足本國和其他國家中間品需求的部分,後兩項為 s 國滿足本國和其他國家最終需求的部分。因此,由上式整理可得

$$\begin{pmatrix} X_1 \\ X_2 \\ \cdots \\ X_n \end{pmatrix} = \begin{pmatrix} I - A_{11} & -A_{12} & \cdots & -A_{1n} \\ -A_{21} & I - A_{22} & \cdots & -A_{2n} \\ \cdots & \cdots & \cdots & \cdots \\ -A_{n1} & -A_{n2} & \cdots & I - A_{nn} \end{pmatrix}^{-1} \begin{pmatrix} Y_1 \\ Y_2 \\ \cdots \\ Y_n \end{pmatrix} \quad (4.12)$$

其中,X_i 表示各國的總產出;A_{ij} 表示直接消耗係數;$B = (I - A)^{-1}$ 為列昂惕夫逆矩陣,表示完全消耗係數。設定 V 和 E 分別為各國單位總產出的增加值比例和各國各部門的總出口,即

$$V = \begin{pmatrix} V_1 & 0 & \cdots & 0 \\ 0 & V_2 & \cdots & 0 \\ \cdots & \cdots & \cdots & \cdots \\ 0 & 0 & \cdots & V_n \end{pmatrix} \quad E = \begin{pmatrix} E_1 & 0 & \cdots & 0 \\ 0 & E_2 & \cdots & 0 \\ \cdots & \cdots & \cdots & \cdots \\ 0 & 0 & \cdots & E_n \end{pmatrix}$$

將 V、B、E 三個矩陣相乘,可以實現對各國出口增加值的分解,即

$$VBE = \begin{pmatrix} V_1 B_{11} E_1 & V_1 B_{12} E_2 & \cdots & V_1 B_{1n} E_n \\ V_2 B_{21} E_1 & V_2 B_{22} E_2 & \cdots & V_2 B_{2n} E_n \\ \cdots & \cdots & \cdots & \cdots \\ V_n B_{n1} E_1 & V_n B_{n2} E_2 & \cdots & V_n B_{nn} E_n \end{pmatrix} \quad (4.13)$$

式(4.13)中,每一行非對角元素之和表示本國將中間品出口給別國,經後者進一步加工出口給第三國而實現的間接增加值出口 IV,每一列非對角元素之和表示本國出口中包含的國外價值增值 FV,矩陣的對角元素反應的是一國出口中的國內價值增值 DV。IV、FV 和 DV 用公式分別表示為

$$IV_i = \sum_{j \neq t} V_i B_{ij} E_{jt} \quad (4.14)$$

$$FV_i = \sum_{j \neq i} V_j B_{ji} E_i \quad (4.15)$$

$$DV_i = V_i B_{ii} E_i \quad (4.16)$$

根據以上分析,在總體層面和行業層面,都有 $E_i = DV_i + FV_i$,而根據 Daudin 等(2011)的研究,一國的出口可以分解為以下五個部分,即

$$E_i = V_i B_{ii} \sum_{j \neq i} Y_{ij} + V_i B_{ii} \sum_{j \neq i} A_{ij} X_{jj} + V_i B_{ii} \sum_{j \neq i} \sum_{t \neq j, j} A_{ij} X_{jt} + V_i B_{ii} \sum_{j \neq i} A_{ij} X_{ji} + FV_i$$

$$(4.17)$$

其中，等號右邊第一項表示本國向直接進口國出口的最終產品中包含的本國國內增加值；等號右邊第二項表示本國向進口國出口的用於生產進口國國內產品所需投入的本國中間品中包含的本國國內增加值；等號右邊第三項表示本國向進口國出口的部分中間品中包含的本國國內增加值，這部分中間品用於進口國生產向第三國出口的產品；等號右邊第四項表示本國向進口國出口的供其生產回流本國的產品的中間品中包含的本國國內增加值；等號右邊第五項表示本國出口中包含的國外增加值。因此，式（4.17）實際上是對一國出口中國內增加值的分解。

根據以上分析，並借鑑王嵐（2014）和尚濤（2015）等的研究，本書利用Koopman等（2010）構建的指標衡量一國在全球價值鏈中的地位。反應一國全球價值鏈地位的指標為

$$GVC\_Position_i = \ln(1 + \frac{IV_i}{E_i}) - \ln(1 + \frac{FV_i}{E_i}) \qquad (4.18)$$

其中，$GVC\_Position_i$ 表示一國的全球價值鏈地位；IV_i 表示 i 國的間接增加值出口，該指標衡量的是有多少 i 國的增加值經另一國加工後出口給第三國；FV_i 表示 i 國出口中包含的國外增加值，該指標衡量的是 i 國出口的最終產品中包含的國外增加值；E_i 表示 i 國的總出口。該式的含義是，判定一國的全球價值鏈地位需要對該國出口給別國的中間品價值和從別國進口的中間品價值進行比較。Koopman等（2010）認為，若一國的全球價值鏈地位較高，該國將處於產業的上游環節，將主要負責產品的設計、研發以及關鍵零部件的生產等任務，並通過向其他國家提供原材料和中間產品參與全球價值鏈的運動。因此，該國間接增加值出口占總出口的比重將超過國外增加值占總出口的比重。相反，若一國的全球價值鏈地位較低，該國將處於產業的下游環節，將主要負責產品的最終組裝或簡單零部件的生產等任務，並通過從其他國家進口原材料和中間產品參與全球價值鏈的運動。因此，該國間接增加值出口占總出口的比重將低於國外增加值占總出口的比重。據此，$GVC\_Position_i$ 的數值越大，表明一國的全球價值鏈地位越高，$GVC\_Position_i$ 的數值越小，表明一國的全球價值鏈地位越低。

表4.6給出了2000—2011年中國與全球價值鏈排位較高國家的總體全球價值鏈地位指數。從排名來看，在全球價值鏈排名前10位的國家中，既有美國、日本、澳大利亞、英國、法國、德國等發達國家，也有俄羅斯、巴西、印度等金磚國家，另外包括土耳其等發展中國家。從中可以看出，一國在全球價值鏈的地位與該國本身的經濟發展水準並無必然的聯繫。在全球價值鏈地位較高的國家中，俄羅斯在12年間始終位列全球價值鏈分工首位，其次為美國，

2000—2005年位居第三位的國家為日本，2006—2011年該位置被巴西取代。2000—2011年，美國和日本的全球價值鏈地位指數穩中有降，俄羅斯和巴西的全球價值鏈地位指數穩中有升。美國和日本均為傳統上的發達國家，不僅在製造業方面具有先進的生產技術，而且在新興服務業方面仍然具有比較優勢；而俄羅斯和巴西均為某些自然資源較為豐富的國家，可以通過向其他國家提供原材料和中間產品參與全球價值鏈的運動。

表4.6　　　　中國與主要國家總體全球價值鏈地位指數

國家	2000年	2001年	2002年	2003年	2004年	2005年
俄羅斯	0.124	0.128	0.136	0.135	0.163	0.177
美國	0.122	0.128	0.131	0.132	0.130	0.130
日本	0.103	0.097	0.096	0.106	0.119	0.118
巴西	0.089	0.078	0.072	0.084	0.088	0.105
澳大利亞	0.062	0.069	0.070	0.084	0.091	0.104
英國	0.048	0.058	0.058	0.063	0.073	0.079
印度	0.035	0.039	0.034	0.055	0.038	0.031
法國	0.015	0.017	0.022	0.029	0.034	0.032
德國	0.013	0.009	0.014	0.015	0.016	0.009
土耳其	0.000	−0.012	−0.019	−0.018	−0.014	−0.007
中國	−0.004(14)	−0.001(13)	−0.012(16)	−0.033(22)	−0.053(23)	−0.055(28)
國家	2006年	2007年	2008年	2009年	2010年	2011年
俄羅斯	0.195	0.194	0.204	0.177	0.187	0.173
美國	0.129	0.129	0.124	0.118	0.119	0.112
日本	0.109	0.105	0.098	0.107	0.098	0.088
巴西	0.118	0.122	0.125	0.112	0.125	0.113
澳大利亞	0.116	0.113	0.123	0.093	0.116	0.103
英國	0.085	0.093	0.085	0.068	0.065	0.066
印度	0.012	0.017	0.027	−0.007	0.014	0.014
法國	0.035	0.038	0.037	0.035	0.028	0.026
德國	0.001	−0.003	−0.004	0.004	−0.009	−0.014
土耳其	−0.010	−0.003	0.058	0.057	0.059	0.040
中國	−0.051(27)	−0.043(27)	−0.022(21)	−0.019(20)	−0.024(21)	−0.025(22)

數據來源：根據世界投入產出數據庫的相關數據由價值鏈地位指標公式計算而得。

註：括號內為中國相應年份的全球價值鏈地位的世界排名。

我們重點關注中國在全球價值鏈地位中的表現。從表 4.6 中可以看出，2000—2011 年中國的全球價值鏈地位指數始終為負，整體上呈現「下降、上升、下降」的趨勢，表明中國間接增加值出口占總出口的比重始終低於國外增加值占總出口的比重，這一狀況雖在部分時間段內得到改善，但在 12 年中並未得到根本改變。2000 年，中國的全球價值鏈地位指數為 -0.004，位居世界第 14 位。此後，除 2001 年外，中國的全球價值鏈地位指數出現持續 4 年的下降。2005 年，中國的全球價值鏈地位指數降至 -0.055，在世界的排位也降至第 28 位。從 2006 年開始，中國的全球價值鏈地位指數出現緩慢回升。2009 年，中國的全球價值鏈地位指數回升至 -0.019，在世界的排位也回升至第 20 位。但從橫向和縱向的對比中可以看出，此時中國的全球價值鏈地位指數與 2000 年相比仍有較大差距，與同期其他主要國家相比差距也十分明顯。2010—2011 年，中國的全球價值鏈地位指數再次出現了連續兩年的下降，2011 年降至 -0.025，中國在世界的排位降至第 22 位。總體來看，2000—2005 年為中國在全球價值鏈分工地位的下降期，2006—2009 年為中國在全球價值鏈分工地位的上升期，但未恢復到期初水準時又開始了新一輪的下降。

在考察完中國與全球價值鏈排位較高國家的總體全球價值鏈地位指數後，我們再單獨考察世界各國的製造業在全球價值鏈中的表現。製造業全球價值鏈生產以中間產品的跨境流動為基礎，中國出口中間產品將使世界增加對中國中間產品的需求，這不僅增加了採購國對中國市場的依賴，也是中國製造業國際競爭力的重要體現。進口中間產品在一定程度上可以支持中國製造業的進一步產出和出口，但也可能使中國成為全球製造業的最終裝配中心。表 4.7 給出了 2000—2011 年製造業中國與全球價值鏈排位較高國家的全球價值鏈地位指數。在這裡，製造業依然包括食品、飲料和菸草業，紡織材料和紡織製品業，皮革、皮革和鞋業，木材、木材製品業，紙漿、紙、紙張、印刷和出版業，石油加工、煉焦及核燃料加工業，化學品和化工產品製造業，橡膠和塑料製品業，其他非金屬礦物製品業，基本金屬及金屬製品業，機械設備業，電氣和光學設備製造業，運輸設備業和其他製造業（含回收利用）14 個行業。

表 4.7　　中國與主要國家製造業全球價值鏈地位指數

國家	2000 年	2001 年	2002 年	2003 年	2004 年	2005 年
俄羅斯	0.142	0.132	0.146	0.136	0.189	0.190
日本	0.121	0.116	0.117	0.125	0.143	0.146
美國	0.093	0.097	0.101	0.102	0.101	0.097

表4.7(續)

國家	2000年	2001年	2002年	2003年	2004年	2005年
巴西	0.085	0.067	0.065	0.084	0.087	0.104
澳大利亞	0.071	0.073	0.083	0.104	0.096	0.096
芬蘭	0.068	0.090	0.087	0.095	0.092	0.061
印度	0.045	0.036	0.033	0.039	0.020	0.002
印度尼西亞	0.028	0.024	0.048	0.079	0.078	0.087
英國	0.024	0.033	0.028	0.024	0.036	0.044
羅馬尼亞	0.023	0.010	-0.003	-0.004	0.019	0.043
義大利	0.014	0.017	0.022	0.022	0.028	0.031
中國	0.015(14)	0.017(13)	0.004(13)	-0.008(17)	-0.020(21)	-0.019(22)
國家	2006年	2007年	2008年	2009年	2010年	2011年
俄羅斯	0.207	0.217	0.203	0.182	0.198	0.182
日本	0.141	0.144	0.137	0.140	0.140	0.136
美國	0.093	0.095	0.087	0.087	0.081	0.072
巴西	0.109	0.118	0.112	0.107	0.124	0.103
澳大利亞	0.116	0.126	0.117	0.078	0.108	0.091
芬蘭	0.059	0.064	0.049	0.043	0.059	0.054
印度	-0.005	-0.002	0.007	-0.043	-0.015	-0.021
印度尼西亞	0.115	0.132	0.110	0.098	0.100	0.084
英國	0.045	0.045	0.033	0.015	0.010	0.016
羅馬尼亞	0.051	0.073	0.076	0.056	0.065	0.078
義大利	0.023	0.023	0.023	0.034	0.021	0.021
中國	-0.005(16)	0.005(14)	0.039(9)	0.027(12)	0.031(11)	0.036(10)

數據來源：根據世界投入產出數據庫的相關數據由價值鏈地位指標公式計算而得。

註：括號內為中國相應年份的製造業全球價值鏈地位的世界排名。

從表4.7中可以看出，製造業全球價值鏈排位較高的國家主要包括美國、日本、澳大利亞、芬蘭、英國、義大利等發達國家，俄羅斯、巴西、印度等金磚國家以及印度尼西亞和羅馬尼亞等發展中國家。中國在其中的地位較不穩定。因此，一國製造業在全球價值鏈的地位與該國本身的製造業發展水準也無必然的聯繫。同時，製造業全球價值鏈排位較高的國家往往是某些自然資源較為豐富的國家。在這些國家中，俄羅斯依然位列製造業全球價值鏈分工首位，這與其國內豐富的自然資源不無關係；其次為日本，其在產品的設計、研發以

及關鍵零部件的生產方面占據比較優勢。美國、巴西和澳大利亞在製造業全球價值鏈分工中的地位排名則出現了交替變化。2000—2005年，美國在製造業全球價值鏈分工中的地位相對較高；從2006年開始，巴西和澳大利亞在製造業全球價值鏈分工中的地位逐漸超過美國。這些國家通過向其他國家提供原材料和中間產品參與全球價值鏈的活動。

與總體全球價值鏈地位指數相比，中國製造業的全球價值鏈地位指數相對較高，排名也相對靠前。2000—2011年中國的製造業全球價值鏈地位指數整體上呈現「下降、上升」的趨勢，表明中國製造業間接增加值出口占總出口的比重，從低於國外增加值占總出口的比重開始向高於國外增加值占總出口的比重轉變，雖然在此期間出現短期惡化，但期末中國的製造業全球價值鏈地位已高於期初水準。具體來看，2000年，中國的製造業全球價值鏈地位指數為0.015，位居世界第14位，此後開始出現明顯的下降趨勢。2005年，中國的製造業全球價值鏈地位指數降至-0.019，在世界的排位也降至第22位。從2006年開始，中國的製造業全球價值鏈地位指數出現緩慢回升。2008年，中國的製造業全球價值鏈地位指數上升到0.039，位居世界第9位，為歷史最高水準。2009—2011年，中國的製造業全球價值鏈地位指數雖有變化，但中國的製造業全球價值鏈地位仍能保持在10~12位。總體來看，中國的製造業全球價值鏈地位在經歷短暫的下降後已出現了明顯的改善。

比較2000—2011年中國與全球價值鏈排位較高國家的製造業全球價值鏈地位指數可以發現，俄羅斯、日本、巴西、印度尼西亞和羅馬尼亞的製造業全球價值鏈地位指數大體呈現上升的趨勢，美國、芬蘭和印度的製造業全球價值鏈地位指數大體呈現下降的趨勢，澳大利亞、英國和義大利的製造業全球價值鏈地位指數出現了較大幅度的波動，中國的製造業全球價值鏈地位指數呈現「下降、上升」的「U型」趨勢。

中國的全球價值鏈地位指數出現上述特徵，也與中國的資源稟賦和在工業化進程中採取的貿易政策有很大關係。自20世紀90年代開始，中國主要以廉價的勞動力資源和豐富的自然資源開始參與全球價值鏈的生產。但由於資金不足，工業化水準較低，中國的製造業以勞動和資源密集型為主。這一階段中，為獲取盡可能多的外匯和先進技術，中國制定了進口替代的發展戰略，以出口具有比較優勢的產品所得的外匯換取國外先進的設備。其具體表現為出口產品中以原材料等中間產品為主，進口產品中以技術設備等最終產品為主，從而導致中國的全球價值鏈地位較高。從表4.8中可以看出，2002年以前中國間接增加值出口占總出口的比重高於國外增加值占總出口的比重。

表 4.8　　　　　　　中國中間品進出口的全球價值鏈情況

項目	2000 年	2001 年	2002 年	2003 年	2004 年	2005 年
FV/E	0.110	0.104	0.117	0.136	0.165	0.160
IV/E	0.126	0.123	0.121	0.126	0.141	0.138
項目	2006 年	2007 年	2008 年	2009 年	2010 年	2011 年
FV/E	0.153	0.146	0.116	0.103	0.112	0.110
IV/E	0.147	0.152	0.161	0.134	0.147	0.151

數據來源：根據世界投入產出數據庫的相關數據由式（4.14）、式（4.15）和式（4.16）綜合計算而得。

隨著中國工業化進程的加快和國際生產資本的轉移，中國製造業的生產能力得到顯著提升。但受制於中國研發、設計以及關鍵零部件等先進生產能力的不足和國內自然資源出現短缺，從 21 世紀初開始，中國參與全球價值鏈國際分工的形式逐漸向增加原材料和中間產品的進口，利用國內豐富的生產能力組裝最終產品並出口的加工貿易形式轉變。為促進中間產品的進口，並履行中國的「入世」承諾，雖然「入世」後中國中間產品和最終產品的進口關稅都有所下降，但與「入世」前相比，中國對製造業中間產品徵收的關稅始終較低，而對最終品徵收的關稅較高。因此，中國在一般貿易中進口最終產品的活動受到制約，企業更趨向於進口中間產品。同時，由於加工貿易對企業所需的進口中間產品免收關稅，中國企業也更趨向於利用進口中間產品從事加工貿易。從表 4.8 可以看出，2003—2006 年，中國製造業的全球價值鏈結構表現為間接增加值出口占總出口的比重低於國外增加值占總出口的比重，結果也導致中國製造業的全球價值鏈分工地位的下降。

在認識到過度發展加工貿易對中國的國際分工地位和貿易利益造成不利影響後，從「十一五」開始，中國的經濟發展戰略逐漸從出口拉動向「消費、投資、出口」協調發展轉變。在貿易方式上，中國開始採取措施促進加工貿易從簡單的最終裝配向提高中間產品的配套生產和推進技術創新方面轉型升級。在此期間，2008 年美國次貸危機和歐債危機為中國「走出去」吸收海外優質資源實現自身的產業升級提供了機遇。從 2007 年開始，中國間接增加值出口占總出口的比重重新超過國外增加值占總出口的比重，且二者之間的差距有逐漸擴大的趨勢。2007 年，中國間接增加值出口占總出口的比重和國外增加值占總出口的比重分別為 0.152 和 0.146，2011 年中國間接增加值出口占總出口的比重和國外增加值占總出口的比重分別為 0.151 和 0.11，二者差距的擴大也導致了中國製造業全球價值鏈地位的進一步提升。

4.3 本章小結

根據本書前述的概念界定，產業升級主要包括產業結構升級和全要素生產率的提升。本章主要對中國的產業結構和出口增加值情況進行相關的指標分析，為後續有關人民幣匯率變動對產業結構升級和全要素生產率的影響研究奠定堅實的基礎。本章所得的主要結論如下：

第一，從三次產業結構的演變來看，改革開放以來，中國的產業結構發生了較大變化，第一產業的比重迅速下降，第三產業的比重迅速上升，第二產業的比重相對穩定。同時，工業內部結構也逐漸調整，重工業與輕工業的發展差距逐漸擴大。在地區間，三次產業結構和工業結構的差異明顯，為我們研究產業結構升級提供了有利的環境。

第二，中國的出口增加值總額和國內增加值都表現為規模不斷擴張的趨勢，但出口的國內增加值率表現出「下降、上升、下降」的趨勢，總體上中國出口中國內生產的增加值比重明顯降低。僅從製造業來看，中國製造業的國內增加值率也表現出「下降、上升、下降」的趨勢，長期來看中國製造業出口中國內生產的增加值比重也明顯降低，且低於同期中國總體出口中國內生產的增加值比重。中國各行業的出口國內增加值顯著增加，但出口國內增加值率趨勢不一且大部分行業的出口國內增加值率整體呈現下降趨勢。中國製造業的出口國內增加值顯著高於服務業，而出口國內增加值率卻明顯低於服務業。隨著中國貿易開放度的提高，中國資本、技術密集型製造業的出口產品中越來越多地使用了進口中間品。中國的出口國內增加值多集中於傳統的勞動密集型行業，並且隨著服務業的逐步開放，中國的服務行業，特別是生產性服務業中也將更多地包含國外增加值成分。

第三，中國的全球價值鏈地位指數在2000—2011年整體上為負，基本呈現「下降、上升、下降」的趨勢。與總體全球價值鏈地位指數相比，中國製造業的全球價值鏈地位指數相對較高，整體上呈現「下降、上升」的趨勢，表明中國製造業間接增加值出口占總出口的比重，從低於國外增加值占總出口的比重開始向高於國外增加值占總出口的比重轉變。從時間趨勢來看，中國的製造業全球價值鏈地位指數呈現「下降、上升」的「U型」趨勢。應該看到，中國與部分傳統發達國家和部分發展中國家的價值鏈地位差距明顯。同時，本書認為中國的全球價值鏈地位指數出現上述特徵，與中國的資源稟賦和在工業化進程中採取的貿易政策以及即時的國際經濟環境有很大關係。

5 人民幣匯率變動對中國產業結構升級的影響

5.1 中國產業結構升級的測算

如前文所述，產業結構升級是產業升級的重要內容。本書界定的產業結構升級主要包括產業結構合理化和產業結構高級化，二者共同構成了產業結構升級的重要內容，主要表現為三次產業之間協調能力和關聯水準的提高，以及產業間第一、二、三產業的依次延伸和三次產業內部由低級部門向高級部門的演化。一國產業結構在實現升級時，需要通過協調各產業間的關係使產業間具有較高的聚合能量，從而使各產業的發展具有協調的比例關係，形成與整個國民經濟發展相適應的發展基調，實現產業結構合理化。同時，產業結構升級也是資源從低端產業向高端產業轉移的過程，從而實現高端部門占據國民經濟主導地位，即由產業之間的依次演進實現的產業結構高級化。

傳統上，多數學者採用結構變化指數來反應產業或行業結構的變遷。結構變化指數的計算公式為

$$\Delta s^{m,n} = \frac{1}{2} \sum_j |s_j^n - s_j^m| \times 100\% \qquad (5.1)$$

式（5.1）中，$\Delta s^{m,n}$ 表示從 m 時期到 n 時期的產業或行業結構變化情況，s_j^m 和 s_j^n 分別表示 m 時期和 n 時期 j 產業或行業產值占總產值的比重，通常情況下，$n = m + 1$。若以年度為單位進行計算，則反應本年度與去年相比的結構變化情況。當 $m = 0$ 時，式（5.1）反應了本年度與基期相比的結構變化情況，被稱為累計結構變化指數。由於該方法無法體現行業自身的快速變化水準，經李金昌等（2011）進行的加權平均偏差變動率和修正加權平均偏差變動率的改進，被學術界廣泛接受。但本書認為，一國產業結構在實現升級時，需要使

各產業的發展具有協調的比例關係,同時也要實現資源從低端產業向高端產業的轉移。產業結構理論認為,產業結構升級應涵蓋產業結構合理化和產業結構高級化。

5.1.1 中國產業結構合理化的測算

產業結構合理化刻畫的是產業間的聚合質量,它不僅反應了產業間的協調程度,也反應了產業間的資源配置效率水準,綜合反應了要素投入結構和產出結構的耦合程度。傳統計算上,學者們一般採用結構偏離度對產業結構合理化進行測度,計算公式為

$$E = \sum_{i=1}^{n} \left| \frac{Y_i/L_i}{Y/L} - 1 \right| = \sum_{i=1}^{n} \left| \frac{Y_i/Y}{L_i/L} - 1 \right| \quad (5.2)$$

式(5.2)中,E 為產業結構偏離度指標,用以衡量產業結構的合理化水準;i 為產業標示,Y_i 為產業產值,L_i 為產業勞動力就業水準,Y 和 L 分別表示全產業的總產值和全部勞動力就業人數。式中,以 Y_i/L_i 表示產業的勞動生產率水準。在古典經濟學假設中,若經濟處於均衡狀態,則各產業部門的勞動生產率應相同,且與全社會的勞動生產率相等,即 $Y_i/L_i = Y/L$,此時產業結構偏離度指標 $E=0$。同時,由於 Y_i/Y 為產出結構的衡量,L_i/L 為就業結構的衡量,因此產業結構偏離度指標也反應了產業結構和就業結構的耦合性問題。E 值越大,表示產業生產率或產出與就業的耦合性與均衡狀態的偏離程度越大,產業結構的合理化程度也越低;E 值越小,表示產業生產率或產出與就業的耦合性與均衡狀態的偏離程度越小,產業結構的合理化程度也越高。目前,經濟非均衡的現象普遍存在,尤其在廣大發展中國家的表現更加嚴重,我們有必要對中國的產業結構合理化做出正確的評估。但是,式(5.2)所反應的產業結構偏離度指標仍然存在一定的問題,最重要的是在該產業結構偏離度指標的計算中沒有考慮到各產業在經濟中的重要性差異,相同的權重為產業結構偏離度計算帶來偏差,同時絕對值的計算容易對研究產生不利影響。

泰爾指數也被稱為泰爾熵,最早由 Theil(1967)提出,用熵的概念以衡量個人間或地區間的收入差距。干春暉等(2011)和戴魁早(2014)指出,泰爾指數也是用來度量產業結構合理化的較好指標。因此,本書採用泰爾指數對產業結構合理化進行刻畫和度量。泰爾指數的計算公式為

$$TL = \sum_{i=1}^{n} \left(\frac{Y_i}{Y}\right) \ln\left(\frac{Y_i}{L_i} \Big/ \frac{Y}{L}\right) = \sum_{i=1}^{n} \left(\frac{Y_i}{Y}\right) \ln\left(\frac{Y_i}{Y} \Big/ \frac{L_i}{L}\right) \quad (5.3)$$

從式（5.3）可以看出，泰爾指數在計算上不再將不同的產業一視同仁，不僅考慮了不同產業的相對權重，也避免了因絕對值問題在計算中引起的諸多不便。同理，在均衡狀態下，$TL=0$。TL 值越大，表示產業結構與均衡狀態的偏離程度越大，產業結構的合理化程度也越低；TL 值越小，表示產業結構與均衡狀態的偏離程度越小，產業結構的合理化程度也越高。由於該指標仍然建立在結構偏離度的理論基礎之上，有著與結構偏離度相同的經濟含義，因此是衡量產業結構合理化的合適指標。

從圖 5.1 到圖 5.8 可以看出，在全國範圍內，各省份的泰爾指數差異明顯。北京、上海和天津的泰爾指數較低，2001—2014 年數值均位於 0.1 以下，顯示出三地產業結構的合理化水準位居全國前列。2007 年以前，北京的泰爾指數略低於上海，產業結構合理化水準居全國之首；但從 2007 年以後，上海的產業結構合理化水準已逐漸超過北京居全國第一。相比之下，其他地區的產業結構合理化程度與京津滬差距較大，其中貴州、甘肅、寧夏三省份的泰爾指數最高，顯示出三省份的產業結構合理化程度最低。2014 年，北京、上海和天津的泰爾指數分別為 0.027、0.019 和 0.056，而貴州、甘肅、寧夏的泰爾指數分別為 0.498、0.457 和 0.403，省份間最多相差 26 倍。從變化趨勢來看，多數省份的泰爾指數呈現下降的趨勢。其中貴州省的泰爾指數下降最為明顯，2001 年該省的泰爾指數高達 1.353，表明該省的產業結構合理化程度正逐漸提高。但是，也有部分地區的泰爾指數在波動中有所上升，內蒙古、陝西、甘肅和寧夏的泰爾指數上升幅度較大，分別由 2001 年的 0.23、0.425、0.358 和 0.377 上升到 2014 年的 0.368、0.433、0.457 和 0.403，可以看出這些省份的產業結構合理化程度正逐漸下降。同時，從八大地區泰爾指數的變化趨勢可以看出，多數地區內的產業結構合理化水準的變化趨勢大體相同，且中國地區內部省份的產業結構合理化水準具有明顯的集聚分佈現象，該現象在北部沿海、東部沿海和西南地區尤為突出，在東北地區、南部沿海和長江中游地區部分省份中的表現也較為明顯，只在黃河中游和大西北地區的部分省份表現相對不明顯。從圖中可以看出，2014 年，環渤海地區、長三角地區、珠三角地區以及成渝地區的產業結構合理化水準已集聚性地優於中國其他地區。

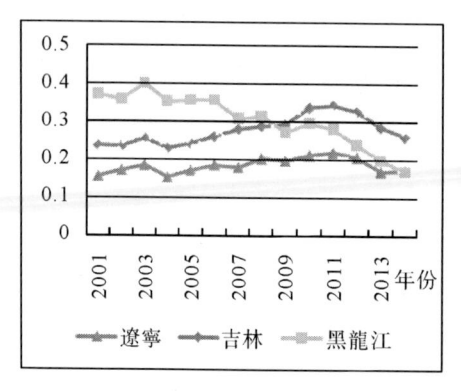

圖 5.1　東北地區各省份 TL 指數
數據來源：根據 wind 數據庫相關數據計算而得。

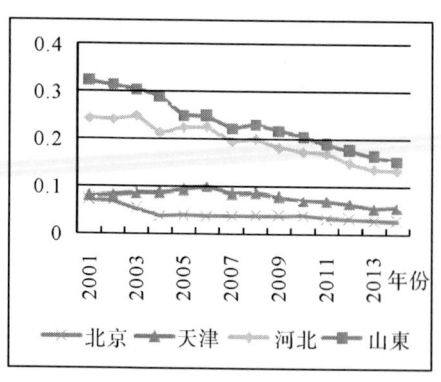

圖 5.2　北部沿海地區各省份 TL 指數
數據來源：根據 wind 數據庫相關數據計算而得。

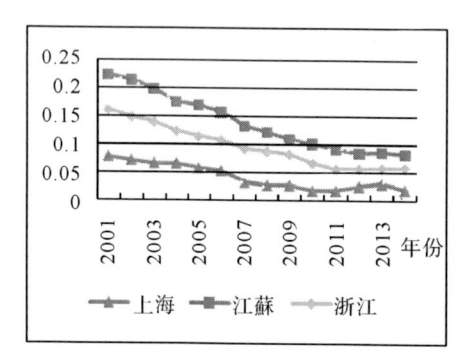

圖 5.3　東部沿海地區各省份 TL 指數
數據來源：根據 wind 數據庫相關數據計算而得。

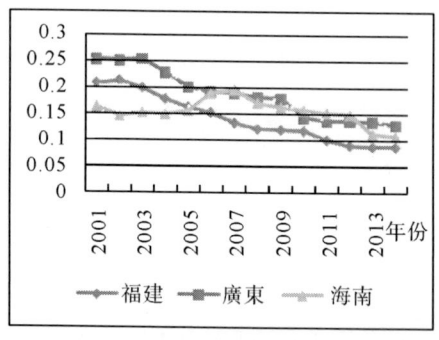

圖 5.4　南部沿海地區各省份 TL 指數
數據來源：根據 wind 數據庫相關數據計算而得。

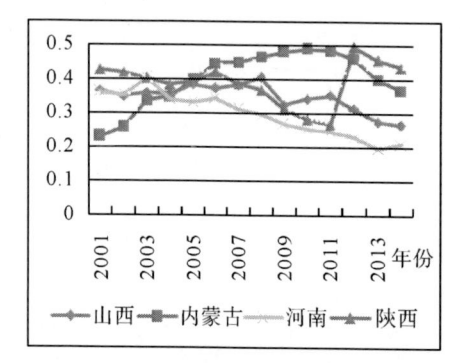

圖 5.5　黃河中游地區各省份 TL 指數
數據來源：根據 wind 數據庫相關數據計算而得。

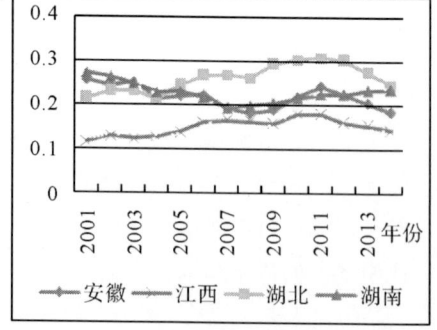

圖 5.6　長江中游地區各省份 TL 指數
數據來源：根據 wind 數據庫相關數據計算而得。

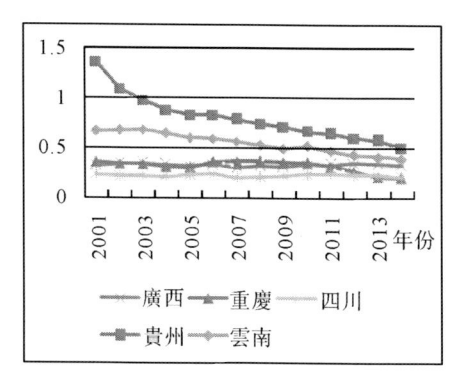

图 5.7　西南地區各省份 TL 指數　　　　　　圖 5.8　大西北地區各省份 TL 指數
數據來源：根據 wind 數據庫相關數據計算而得。　數據來源：根據 wind 數據庫相關數據計算而得。

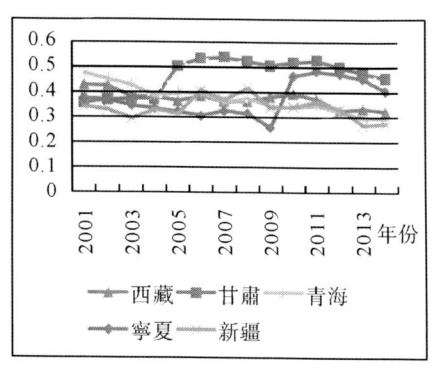

5.1.2　中國產業結構高級化的測算

產業結構高級化反應的是一國產業結構的高質量發展水準。Clark（1940）在經過對若干國家統計數據的比較和分析後指出，隨著時間的推移，經濟社會將先後經歷勞動力由從事農業生產的部門向從事工業生產的部門流動，和由從事工業生產的部門向從事服務業的部門流動的過程。該理論是在對 Petty 關於產業間收入相對差異的描述性規律現象歸納總結的基礎上提出的，被稱為「配第-克拉克定理」。根據「配第-克拉克定理」通常採用非農產值的比重作為衡量產業結構升級的指標。

同時，在工業部門內部，仍有一種結構變化是產業結構高級化的重要反應。Hofmann（1931）在《工業化的階段和類型》一書中指出，隨著工業化發展進程的加快，工業生產中資本資料的比重將不斷增加，而消費資料的比重將不斷減少，形成了著名的「霍夫曼定理」。Hofmann 具體指出，一國的工業化進程大體分為四個階段：在第一階段中，消費資料的生產在製造業生產中占據統治地位，資本資料的生產尚不發達，在製造業生產中占據較低的比例，霍夫曼系數大致位於 4~6；在第二階段中，資本資料的生產快速發展，增長速度超過了消費資料的增長速度，由於消費資料生產已具有龐大的規模，因此資本資料生產在規模上仍處於劣勢，但霍夫曼系數已降至 1.5~3.5；在第三階段中，隨著資本資料生產的進一步快速發展，在規模上已與消費資料的生產旗鼓相當，二者基本處於平衡狀態，霍夫曼系數處於 0.5~1.5；在第四階段中，資本資料的生產完全超過了消費資料的生產並繼續上升，資本資料的生產已在製造業生產中占據主導地位，此時霍夫曼系數已完全控制在 1 以下的水準。

此後，隨著對工業結構內部變化規律研究的不斷深入，學者們開始從生產要素角度對工業結構的演進展開研究。學者們認為，在經濟發展的起步階段，勞動力資源相對充裕，而資本要素相對稀缺，形成勞動力價格相對低廉而資本價格昂貴的要素格局，因此，在產業結構中，大量使用勞動力的勞動密集型產業占據著主導地位。在經濟的發展過程中，資本將不斷得到補充，資本要素價格開始下降，勞動力要素的價格開始相對上升，經濟將轉向以資本密集型為主導的產業結構。隨著全要素生產率的提高以及技術創新的速度加快，經濟發展將會向以技術進步為支撐的技術密集型產業主導的產業結構轉變。從這一角度出發，按照生產要素密度的不同，學者們提出產業結構將經歷從勞動密集型產業經資本密集型產業向技術密集型產業轉變的演進過程。

結合上述學者的觀點，本書認為產業結構高級化應當涵蓋第一、二、三產業的依次延伸和三次產業內部由低級部門向高級部門的演化兩方面的內容。一方面，20世紀70年代以來，服務型經濟逐漸開始發展，主要發達國家的工業化受到了較大的衝擊，在這一趨勢中，第三產業的增長率往往超過第二產業的增長率。鑒於這種新特徵的出現，本書首先採用第三產業產值與第二產業產值的比重作為衡量產業結構高級化的標志之一，這種比重能夠清晰地反應出經濟結構的服務性趨勢，是度量經濟結構是否朝著服務化方向發展的較好指標。該比值越大，表示產業結構在服務化方面的高級化程度越高。另一方面，本書考慮將工業中高技術產業與傳統產業的產值比重作為衡量產業結構高級化的另一重要指標。隨著信息技術的發展，世界主要工業化國家開始出現工業生產向高技術化和高附加值轉變的現象，高技術產業的增長率快於傳統產業的增長率（樊福卓，2008），技術進步在推動產業結構升級中發揮著日漸凸顯的作用。作為最大的發展中國家，中國的工業發展也應當向包含高加工度化、高技術化和高附加值化的產業轉變的趨勢。當前，國內資源短缺和全球氣候變化的現狀使中國的工業發展面臨著日益嚴峻的資源和環境壓力，但同時給中國帶來了倒逼工業結構升級的機遇。2008年美國次貸危機和歐債危機使中國更加清醒地認識到，依靠傳統的出口拉動模式無法實現中國工業的長期可持續發展，必須增強中國工業的創新能力，從主要依靠資源消耗向主要依靠技術進步的方向轉變，這也有利於進一步提高中國在全球價值鏈中的地位。從長期來看，高加工度化、高技術化和高附加值化的工業結構應當是以高技術產業的發展為支撐的。

綜合以上分析，本書度量產業結構高級化的指標如下

$$TI = \sigma(Y_3/Y_2) + (1 - \sigma)(Y_H/Y_T) \tag{5.4}$$

式（5.4）中，TI 為產業結構高級化指標，Y 表示產業產值，Y_2 和 Y_3 分別表示第二產業和第三產業產值，Y_H 和 Y_T 分別表示高技術產業產值和傳統產業產值，σ 表示權重。本書認為，第三產業的發展與工業中高技術產業的發展在產業結構高級化的升級過程中應具有同等重要的地位，因此在這裡將 σ 賦值為 0.5 較為合適。相關數據來源於歷年《中國統計年鑒》《中國工業經濟統計年鑒》和《中國高技術產業統計年鑒》。2000—2013 年中國省際產業結構高級化情況如表 5.1 所示。

表 5.1　　2000—2013 年中國省際產業結構高級化情況

行政區	2000 年	2001 年	2002 年	2003 年	2004 年	2005 年	2006 年
北京	1.297	1.390	1.455	1.382	1.304	1.419	1.572
天津	0.617	0.634	0.662	0.599	0.587	0.568	0.567
河北	0.363	0.381	0.397	0.380	0.342	0.331	0.332
山西	0.487	0.488	0.453	0.413	0.367	0.350	0.344
內蒙古	0.534	0.552	0.566	0.542	0.528	0.454	0.425
遼寧	0.434	0.466	0.483	0.476	0.498	0.457	0.444
吉林	0.542	0.537	0.540	0.518	0.485	0.473	0.466
黑龍江	0.338	0.373	0.402	0.400	0.355	0.347	0.332
上海	0.660	0.675	0.692	0.670	0.693	0.710	0.713
江蘇	0.415	0.421	0.424	0.436	0.432	0.431	0.434
浙江	0.385	0.415	0.437	0.426	0.408	0.415	0.415
安徽	0.548	0.516	0.550	0.558	0.554	0.496	0.460
福建	0.563	0.557	0.561	0.543	0.521	0.509	0.508
江西	0.656	0.632	0.592	0.486	0.431	0.411	0.376
山東	0.372	0.388	0.387	0.348	0.309	0.314	0.318
河南	0.369	0.375	0.377	0.375	0.342	0.305	0.294
湖北	0.541	0.558	0.568	0.553	0.523	0.505	0.505
湖南	0.605	0.598	0.619	0.593	0.580	0.576	0.528
廣東	0.614	0.665	0.708	0.693	0.671	0.643	0.635
廣西	0.565	0.633	0.661	0.625	0.565	0.540	0.510
海南	1.172	0.992	0.970	0.880	0.857	0.823	0.734
重慶	0.531	0.540	0.534	0.510	0.480	0.491	0.468
四川	0.636	0.645	0.654	0.620	0.558	0.518	0.494
貴州	0.540	0.558	0.571	0.557	0.537	0.547	0.558

表5.1(續)

行政區	2000年	2001年	2002年	2003年	2004年	2005年	2006年
雲南	0.465	0.495	0.509	0.500	0.479	0.495	0.469
陝西	0.630	0.640	0.620	0.551	0.488	0.471	0.432
甘肅	0.545	0.521	0.532	0.535	0.494	0.481	0.442
青海	0.535	0.532	0.528	0.506	0.467	0.412	0.383
寧夏	0.539	0.572	0.578	0.519	0.481	0.476	0.429
新疆	0.503	0.551	0.586	0.526	0.459	0.402	0.365
行政區	2007年	2008年	2009年	2010年	2011年	2012年	2013年
北京	1.688	1.792	1.774	1.704	1.772	2.926	3.230
天津	0.530	0.481	0.512	0.515	0.514	1.108	1.117
河北	0.333	0.316	0.352	0.347	0.336	0.397	0.403
山西	0.337	0.335	0.372	0.336	0.309	1.130	1.239
內蒙古	0.401	0.378	0.373	0.339	0.321	0.334	0.373
遼寧	0.434	0.389	0.397	0.368	0.359	0.446	0.466
吉林	0.435	0.416	0.417	0.375	0.360	0.347	0.371
黑龍江	0.358	0.356	0.437	0.421	0.430	0.498	0.572
上海	0.782	0.800	0.894	0.830	0.841	1.464	1.549
江蘇	0.447	0.456	0.475	0.501	0.524	1.024	1.045
浙江	0.418	0.416	0.451	0.457	0.464	0.521	0.570
安徽	0.432	0.401	0.391	0.345	0.322	0.384	0.429
福建	0.505	0.483	0.487	0.457	0.442	0.606	0.597
江西	0.361	0.368	0.378	0.345	0.350	0.418	0.428
山東	0.328	0.328	0.345	0.371	0.395	0.527	0.549
河南	0.289	0.265	0.277	0.268	0.283	1.254	1.665
湖北	0.499	0.473	0.460	0.422	0.402	0.689	0.607
湖南	0.502	0.484	0.500	0.459	0.434	0.632	0.756
廣東	0.621	0.613	0.633	0.612	0.621	1.066	1.086
廣西	0.464	0.437	0.452	0.398	0.377	0.555	0.667
海南	0.746	0.783	0.871	0.868	0.837	0.853	1.044
重慶	0.412	0.379	0.386	0.361	0.381	1.716	2.023
四川	0.473	0.444	0.441	0.399	0.377	1.994	2.550
貴州	0.628	0.641	0.685	0.646	0.670	0.683	0.632

表5.1(續)

行政區	2007年	2008年	2009年	2010年	2011年	2012年	2013年
雲南	0.477	0.465	0.502	0.462	0.503	0.514	0.538
陝西	0.423	0.397	0.417	0.380	0.354	0.546	0.566
甘肅	0.414	0.428	0.455	0.395	0.421	0.513	0.676
青海	0.361	0.326	0.355	0.324	0.285	0.301	0.345
寧夏	0.413	0.399	0.437	0.434	0.417	0.512	0.510
新疆	0.382	0.346	0.414	0.343	0.350	0.397	0.488

數據來源：根據《中國統計年鑒》《中國工業經濟統計年鑒》和《中國高技術產業統計年鑒》相關數據由公式計算而得。

註：由於西藏自治區數據缺失較多，未將該地區考慮在內。

從表5.1中可以看出，就省際範圍而言，期初北京市、上海市和海南省的產業結構高級化水準與其餘地區相比具有明顯的優勢。北京市的產業結構高級化水準明顯高於中國其他地區的產業結構高級化水準，且基本上呈現不斷上升的趨勢。2000年，北京市的產業結構高級化指數為1.297；經過13年的產業結構調整，2013年北京市的產業結構高級化指數已上升到3.23，增長幅度達到1.49倍。13年間北京市的產業結構高級化水準也始終位於中國省際產業結構高級化之首。相比之下，海南省和上海市的產業結構高級化水準與北京市有不小的差距，但與中國其餘地區相比仍處於發展前列，海南省的產業結構高級化水準呈現「下降、上升」的「U型」發展趨勢，上海市的產業結構高級化水準基本呈現持續上升的發展形態。2000年，海南省的產業結構高級化指數為1.172，僅比北京市的產業結構高級化指數略低；但2006年海南省的產業結構高級化指數已降至考察期內最低的0.734，此後又逐漸回升至2013年的1.044。2000年，上海市的產業結構高級化指數僅為0.660，2013年其產業結構高級化指數上升至1.549。值得注意的是，2012—2013年，四川省、河南省、山西省、天津市、廣東省和江蘇省的產業結構高級化水準出現了大幅的提升。同期相比，中國其餘地區的產業結構高級化指數相差相對較小。2000—2013年，其餘各地區的產業結構高級化指數基本都維持在0.3~0.8，13年間也都基本呈現出「下降、上升」的「U型」發展趨勢。同時，我們可以發現，與各地區的產業結構合理化指數類似，八大地區產業結構高級化指數的變化趨勢仍然大體相同，地區內部省份的產業結構高級化水準也仍然具有較為明顯的集聚現象，該現象在北部沿海、東部沿海、南部沿海地區的表現較為突出。

5.2 匯率變動對產業結構影響的機制分析

5.2.1 匯率變動對產業結構影響的模型構建

本節中，我們將在借鑑 Campa 和 Goldberg（2001）模型的基礎上，通過建立一個代表性企業的利潤最大化的模型，並以企業利潤最大化的基本條件和約束條件為前提，從數量上分析匯率變動對各產業產量的影響，為進一步研究人民幣匯率變動對中國產業結構升級的影響奠定基礎。假設追求利潤最大化的企業同時在國內市場和國外市場銷售商品，面臨著現在和將來的需求衝擊。對於代表性企業來說，一定時期內國內市場的總需求和國外市場的總需求分別為 y_t^i 和 y_t^{*i}，$i=1, 2, \cdots, n$ 是 i 行業中的代表性企業，匯率採用直接標價法以 e_t^i 表示。企業主要採用 3 種生產要素進行生產，分別為國內勞動力 L_t^i、國內資本 Z_t^i 和國外資本 Z_t^{*i}，用本國貨幣表示的三種生產要素的價格分別為 ω_t^i、s_t^i 和 $e_t^i s_t^{*i}$。在一個行業中，代表性企業通過調整要素投入和總產出來實現當期和未來折現的利潤最大化。同時，企業利潤最大化將受到生產結構的限制，這種限制主要來源於企業產品在國內外市場的需求狀況。企業在國內外市場的產量分別用 q_t^i 和 q_t^{*i} 表示。因此，企業利潤最大化的決策方式為

$$\pi_t^i(y_t^i, y_t^{*i}, e_t^i) = \max \sum_{t=0}^{\infty} \Phi_t \begin{bmatrix} p_t^i(q_t^i: y_t^i, e_t^i) q_t^i + e_t^i p_t^{*i}(q_t^{*i}: y_t^{*i}, e_t^i) q_t^{*i} \\ - \omega_t^i L_t^i - s_t^i Z_t^i - e_t^i s_t^{*i} Z_t^{*i} \end{bmatrix}$$
(5.5)

$$Q_t^i = q_t^i + q_t^{*i} = A_t^i (L_t^i)^\alpha (Z_t^i)^\beta (Z_t^{*i})^{1-\alpha-\beta} \tag{5.6}$$

$$p_t^i(q_t^i: y_t^i, e_t^i) = a^i(y_t^i, e_t^i)(q_t^i)^{-1/\eta^i} \tag{5.7}$$

$$e_t^i p_t^{*i}(q_t^{*i}: y_t^{*i}, e_t^i) = a^{*i}(y_t^{*i}, e_t^i)(q_t^{*i})^{-1/\eta^{*i}} \tag{5.8}$$

式（5.5）中，Φ_t 為時間貼現因子。式（5.6）中，本書採用柯布—道格拉斯生產函數的形式，其中，A_t^i 代表企業的全要素生產率，α、β 和 $1-\alpha-\beta$ 分別為生產函數中國內勞動力投入水準、國內資本投入水準以及國外資本投入水準的產出彈性係數。同時，為簡單起見，在這裡本書採用時間不變彈性的 CES 函數形式表示企業的國內外需求水準。式（5.7）和式（5.8）中，η^i 和 η^{*i} 分別表示代表性企業面臨的國內外需求彈性，a^i 和 a^{*i} 分別表示代表性企業國內外需求的變化因素。式（5.7）和式（5.8）表明，國內外市場的需求曲線包含了乘數性質的需求轉換，匯率主要通過影響國內外同類產品的相對價格影響

企業面臨的國內外需求水準。

下面，我們求解代表性企業的利潤最大化問題，令式（5.5）分別對 L_t^i、Z_t^i 和 Z_t^{*i} 的一階偏導數等於 0，得到

$$\frac{\partial \pi_t^i}{\partial L_t^i} = p_t^i(1 - \frac{1}{\eta^i})\chi_t^i\frac{\partial Q_t^i}{\partial L_t^i} + e_t^i p_t^{*i}(1 - \frac{1}{\eta^{*i}})(1 - \chi_t^i)\frac{\partial Q_t^i}{\partial L_t^i} - \omega_t^i = 0 \quad (5.9)$$

$$\frac{\partial \pi_t^i}{\partial Z_t^i} = p_t^i(1 - \frac{1}{\eta^i})\chi_t^i\frac{\partial Q_t^i}{\partial Z_t^i} + e_t^i p_t^{*i}(1 - \frac{1}{\eta^{*i}})(1 - \chi_t^i)\frac{\partial Q_t^i}{\partial Z_t^i} - s_t^i = 0 \quad (5.10)$$

$$\frac{\partial \pi_t^i}{\partial Z_t^{*i}} = p_t^i(1 - \frac{1}{\eta^i})\chi_t^i\frac{\partial Q_t^i}{\partial Z_t^{*i}} + e_t^i p_t^{*i}(1 - \frac{1}{\eta^{*i}})(1 - \chi_t^i)\frac{\partial Q_t^i}{\partial Z_t^{*i}} - e_t^i s_t^{*i} = 0$$

$$(5.11)$$

式（5.9）~式（5.11）中，χ_t^i 表示 t 時期 i 行業中代表性企業的國內銷售額占總銷售額的比重，即 $\chi_t^i = \frac{p_t^i q_t^i}{p_t^i q_t^i + p_t^{*i} q_t^{*i}}$，因此，$1 - \chi_t^i$ 表示 t 時期 i 產業中代表性企業的國外銷售額占總銷售額的比重，即 $1 - \chi_t^i = \frac{p_t^{*i} q_t^{*i}}{p_t^i q_t^i + p_t^{*i} q_t^{*i}}$。對式（5.9）~式（5.11）整理可得利潤最大化條件下企業對國內勞動力、國內資本投入以及國外資本投入等 3 種生產要素的使用情況，分別為

$$\omega_t^i = \alpha A_t^i (L_t^i)^{\alpha-1}(Z_t^i)^{\beta}(Z_t^{*i})^{1-\alpha-\beta}\left[p_t^i\left(1 - \frac{1}{\eta^i}\right)\chi_t^i + e_t^i p_t^{*i}\left(1 - \frac{1}{\eta^{*i}}\right)(1 - \chi_t^i)\right]$$

$$(5.12)$$

$$s_t^i = \beta A_t^i (L_t^i)^{\alpha}(Z_t^i)^{\beta-1}(Z_t^{*i})^{1-\alpha-\beta}\left[p_t^i\left(1 - \frac{1}{\eta^i}\right)\chi_t^i + e_t^i p_t^{*i}\left(1 - \frac{1}{\eta^{*i}}\right)(1 - \chi_t^i)\right]$$

$$(5.13)$$

$$e_t^i s_t^{*i} = (1 - \alpha - \beta) A_t^i (L_t^i)^{\alpha}(Z_t^i)^{\beta}(Z_t^{*i})^{-\alpha-\beta}\left[\begin{array}{l}p_t^i\left(1 - \frac{1}{\eta^i}\right)\chi_t^i \\ + e_t^i p_t^{*i}\left(1 - \frac{1}{\eta^{*i}}\right)(1 - \chi_t^i)\end{array}\right]$$

$$(5.14)$$

聯立式（5.12）~式（5.14）可得

$$Z_t^i = \frac{\beta}{\alpha} * \frac{\omega_t^i}{s_t^i} L_t^i \quad (5.15)$$

$$Z_t^{*i} = \frac{1 - \alpha - \beta}{\alpha} * \frac{\omega_t^i}{e_t^i s_t^{*i}} L_t^i \quad (5.16)$$

將式（5.15）和式（5.16）代入式（5.5），可以得到企業利潤最大化下的均衡產量為

$$(\overline{Q}_t^i)^{1/\eta^i} = a_t^i (\chi_t^i)^{-1/\eta^i} \left[\left(1 - \frac{1}{\eta^i}\right)\chi_t^i + \frac{e_t^i p_t^{*i}}{p_t^i}\left(1 - \frac{1}{\eta^{*i}}\right)(1 - \chi_t^i) \right]$$

$$* A_t^i \left(\frac{\alpha}{\omega_t^i}\right)^\alpha \left(\frac{\beta}{s_t^i}\right)^\beta \left(\frac{1-\alpha-\beta}{e_t^i s_t^{*i}}\right)^{1-\alpha-\beta} \quad (5.17)$$

為了進一步考察匯率變動對代表性企業均衡產量的影響，對式（5.17）兩邊取對數並對 e_t^i 求導，可得

$$\frac{1}{\overline{Q}_t^i} * \frac{\partial \overline{Q}_t^i}{\partial e_t^i} = \frac{\eta^i}{a_t^i} * \frac{\partial a_t^i}{\partial e_t^i} + \eta^i \left[\begin{array}{c} \left(\dfrac{p_t^{*i}}{p_t^i} + e_t^i \dfrac{p_t^i \dfrac{\partial p_t^{*i}}{\partial e_t^i} - p_t^{*i} \dfrac{\partial p_t^i}{\partial e_t^i}}{(p_t^i)^2}\right) \\ * \dfrac{(1-\chi_t^i)\left(1 - \dfrac{1}{\eta^{*i}}\right)}{\chi_t^i \left(1 - \dfrac{1}{\eta^i}\right)} - (1-\alpha-\beta) \end{array} \right]$$

(5.18)

通過進一步處理，並假定一價定律成立，則 $p_t^i \dfrac{\partial p_t^{*i}}{\partial e_t^i} = p^{*i} \dfrac{\partial p_t^i}{\partial e_t^i}$，因此，式（5.18）可最終改寫為

$$\frac{\partial \overline{Q}_t^i}{\partial e_t^i} \Big/ \frac{\overline{Q}_t^i}{e_t^i} = \eta^i \left[\frac{\partial a_t^i}{\partial e_t^i} * \frac{e_t^i}{a_t^i} + \frac{e_t^i p_t^{*i}}{p_t^i} * \frac{(1-\chi_t^i)\left(1 - \dfrac{1}{\eta^{*i}}\right)}{\chi_t^i\left(1 - \dfrac{1}{\eta^i}\right)} - (1-\alpha-\beta)e_t^i \right]$$

(5.19)

由此可見，當匯率發生變動時，兩方面的因素可能會對匯率對產量的調整作用產生影響，進而對產業結構產生影響。$\dfrac{\partial a_t^i}{\partial e_t^i} * \dfrac{e_t^i}{a_t^i}$ 和 $(1-\chi_t^i)$ 的符號為正，表明企業國內需求對匯率的彈性和企業的國外銷售額占總銷售額的比重與匯率對均衡產出的影響正相關。以直接標價法表示，當本幣升值，即匯率下降時，以本幣表示的進口品的價格將趨於下降，國內產品的價格則相對趨於上升。因此，本國市場對國內產品的需求將趨於減少，而對國外產品的需求將趨於增加。一般來看，當國內需求對匯率的彈性較大時，匯率下降對產業中本土產品的衝擊較大，匯率下降產生的效應將更加明顯，對均衡產量的影響也將增強。企業的國外銷售額占總銷售額的比重是企業國際化的主要標誌之一，當匯率下

降時，一般情況下以外幣表示的國內產品價格將趨於上升，而國外產品價格將趨於下降，通常本國產品的國際競爭力將受到阻礙。因此，企業的國外銷售額占總銷售額的比重越大，匯率下降引起的產量減少也越多。企業的國外銷售額占總銷售額的比重也標誌著本國產業對國際市場的依賴程度，本國行業對國際市場的依賴程度則進一步引導著匯率對企業均衡產量的影響。總之，當企業的國內需求對匯率的彈性和企業的國外銷售額占總銷售額的比重較大時，產量將受匯率的同向影響較大；而當企業的國內需求對匯率的彈性和企業的國外銷售額占總銷售額的比重較小時，產量將受匯率的同向影響較小。$1-\alpha-\beta$ 的符號為負，表明國外資本的產出彈性與匯率對均衡產出的影響負相關。國外資本的產出彈性代表了外國資本對本國產量的影響程度，$1-\alpha-\beta$ 較大表示企業產出中對外國資本投入的依賴性較大。當匯率下降使本幣升值時，外資本品的價格將趨於降低，企業的生產成本將出現下降，使得企業能夠更多的利用外國資本品進行生產，從而對產出中外國資本作用更大的企業來說，其產量的增加也將更多。因此，當企業的國外資本的產出彈性較大時，產量將受匯率的反向影響較大，而當企業的國外資本的產出彈性較小時，產業產量將受匯率的反向影響較小。

5.2.2 匯率變動對產業結構影響的路徑分析

結合以上模型推導，對於中國來說，傳統勞動密集型等行業的出口收入往往占總銷售額較大的比重，對外國資本的依賴程度相對較小；而資本和技術密集型等行業以及具有較高增加值的第三產業的出口收入往往占總銷售額較小的比重，但對外國資本的依賴程度相對較大。因此，從數理模型來看，相對於資本和技術密集型行業以及具有較高增加值的第三產業等高技術行業而言，人民幣升值將對中國勞動密集型行業的產出產生不利影響，從而有利於中國產業結構向高級化方向發展。但是本書也認為，由於中國的經濟發展經歷了由第一產業向第二產業和第三產業的逐漸轉變，在發展過程中容易出現第二產業和第三產業快速發展而忽略與第一產業發展的協調問題，也出現過工業發展過快的情況，因此，人民幣升值在促進中國產業結構高級化的同時，可能對中國的產業結構合理化產生不利影響，這方面還有待通過實證分析進行檢驗。下面具體分析匯率變動對中國產業結構的影響路徑。

第一，匯率變動將通過影響國際貿易結構進而對產業結構產生影響。當匯率發生變動時，進出口貿易額和貿易結構將首先受到影響，貿易額和貿易結構的改變又將影響到生產部門的資源配置，最終將對一國的產業結構產生影響。

在這裡，本書主要以工業內部行業的轉型升級進行說明，如前文所述，工業結構的轉型升級是中國產業結構升級的重要內容。目前，發展中國家多為勞動要素充裕的國家，主要出口傳統的勞動密集型產品，而進口具有較高技術含量的資本和技術密集型產品。從要素角度上看，國際貿易的開展，使得發展中國家的資本和技術密集型產品較以前相對充裕，因此價格相對下降，而傳統勞動密集型產品的價格相對上升。根據S-S定理，資本和技術密集型產品價格的相對下降將使資本和技術要素的實際報酬下降，而勞動密集型產品價格的相對上升將使勞動力的價格相對上升。當本幣升值時，在出口中較多使用勞動力的產業部門將通過價格相對下降的資本和技術對價格相對上升的勞動力進行替代，減少較多使用勞動力的產品生產，而轉向較多使用資本和技術的產品的生產，使得生產資源實現由勞動密集型行業向資本和技術密集型行業的轉移和流動，從而實現工業結構的轉型。從市場結構上看，本幣升值使得勞動密集型產品的出口受到較大影響，同時將促進資本密集型和技術密集型產品的進口。若進口資本或技術最終產品，則可以彌補本國相關領域的生產空白，對完成資本累積發揮重要作用。若進口資本或技術中間產品，則對促進本國相關產業的融合發展產生積極影響。在此情況下，企業也可以使用更多的資本和技術替代勞動力。

第二，匯率變動將通過影響外商直接投資進而對產業結構產生影響。對於廣大發展中國家來說，外商直接投資的最初目的多為利用本國的勞動力和自然資源進行低附加值產品的生產而獲得高額的利潤。當東道國貨幣升值時，根據生產成本效應理論和相對財富理論，外商直接投資企業將減少對東道國的投資。但從長期來看，由於其退出成本高昂，且以獲得對東道國行業的長期利潤或控制權為目的，在東道國的投資回報率仍然高於本國的投資回報率的情況下，外商直接投資企業並不會輕易轉移其在東道國的投資，而是將其投資轉向利潤更高的生產部門，這些部門往往也需要更高的資本投入和更高的技術水準，從而在客觀上提高了對東道國的進一步投資。從實際情況來看，人民幣升值期間也並未引起中國外商直接投資的大量減少，相反，近年來中國的外商直接投資仍然在持續增加。2000年，中國外商直接投資額為407.15億美元，2013年已增長到1,175.86億美元，增幅達到1.89倍。因此，從某種意義上來說，東道國的貨幣升值對技術水準較低、缺乏競爭力的行業產生了一定的「擠出」效應，但是對技術水準較高的新興行業反而起到了增加投資的作用。在市場結構方面，羅伯津斯基定理指出，某一要素的增加會導致密集使用該要素部門的生產增加，而另一部門的生產則下降。因此，外商直接投資的流入將導致中國資本和技術要素的增加，勞動密集型行業將向更多的資本和技術密集

型行業移動，從而使勞動密集型產品減少。需要指出的是，本書在這裡所指的外商直接投資企業的投資轉移，既包括資本在某一產業內部的行業轉移，也包括資本在三次產業之間的轉移。

5.3 人民幣匯率變動對中國產業結構升級影響的實證分析

上節考察了匯率變動對產量和產業結構影響的路徑和機制，根據研究的目的性和可行性，本節將選取省際層面的產業結構為研究對象，運用基於增加值的人民幣實際有效匯率數據，對人民幣匯率變動對產業結構合理化和高級化的影響進行實證研究，分析人民幣匯率變動對產業結構升級的影響。從以上研究中可以發現，地區間的產業結構升級在直觀上存在較為明顯的集聚特徵。由於相鄰地區間的經濟及環境聯繫是客觀存在的，以及不同地區經濟變量的數據收集可能存在空間上的測量誤差，導致了觀測值之間存在「空間自相關性」。鑒於此，本書將在對地區產業結構升級的空間相關性進行檢驗的基礎上，對存在顯著空間集聚性的產業結構升級指標運用更為科學的空間計量經濟學方法研究人民幣匯率變動對中國產業結構升級的影響。

5.3.1 中國產業結構升級的空間統計分析

在運用空間計量模型分析之前，首先需要測度地區產業結構升級的空間相關程度。在此，本書採用空間自相關 Moran's I 指數計算 2000—2013 年中國 30 個省份產業結構升級的空間相關性，並以散點圖的形式呈現產業結構升級的空間形態。本書將首先對數據採用對數變換的處理形式減少數值的波動性，再進行相應的操作。在 Moran's I 指數的測算中，本書採用距離衰減法構造空間權重矩陣，以各省省會城市之間地理距離的倒數形式反應省份間的距離空間權重，Moran's I 指數的取值範圍在 −1 到 1 之間，其中（0，1）表明觀測值呈現正相關性，（−1，0）表明觀測值呈現負相關性。

Moran's I 指數的計算結果詳見表 5.2 和表 5.3。通過計算可以發現，2000—2013 年中國省際產業結構合理化的 Moran's I 指數均為正，且顯著性 Z 值均大於 1.96，顯著性 P 值均為 0，表明中國的產業結構合理化在省份間存在明顯的正向空間相關性，即存在空間集聚現象。從產業結構合理化的空間分佈來看，Moran's I 指數顯著為正意味著不僅中國產業結構合理化水準較高的省份空間鄰近，而且產業結構合理化水準較低的省份也存在著空間鄰近的情況。再

從時間來看,除 2003 年和 2011 年以外,14 年間中國省際產業結構合理化的集聚趨勢逐漸增強。2000 年,中國省際產業結構合理化的 Moran's I 指數僅為 0.108,2013 年中國省際產業結構合理化的 Moran's I 指數上升到 0.166。但是,中國省際產業結構高級化的 Moran's I 指數在 2000—2013 年均不顯著,表明中國的產業結構高級化在省份間並未形成明顯的空間集聚性。

表 5.2　30 個省份產業結構合理化的全局 Moran's I 指數值及顯著性指標

年份	lnTL		
	Moran's I 值	Z 值	P 值
2000	0.108	3.848	0.000
2001	0.124	4.244	0.000
2002	0.128	4.339	0.000
2003	0.127	4.3	0.000
2004	0.132	4.48	0.000
2005	0.140	4.69	0.000
2006	0.148	4.892	0.000
2007	0.153	5.039	0.000
2008	0.153	5.044	0.000
2009	0.154	5.073	0.000
2010	0.156	5.163	0.000
2011	0.155	5.115	0.000
2012	0.166	5.323	0.000
2013	0.166	5.298	0.000

數據來源:根據 Moran's I 指數的相關數據計算而得。

表 5.3　30 個省份產業結構高級化的全局 Moran's I 指數值及顯著性指標

年份	lnTI		
	Moran's I 值	Z 值	P 值
2000	−0.023	0.307	0.379
2001	−0.014	0.581	0.281
2002	−0.006	0.794	0.214
2003	−0.017	0.479	0.316
2004	−0.014	0.564	0.286

表5.3(續)

ln*TI*			
年份	Moran's I 值	Z 值	P 值
2005	-0.012	0.634	0.263
2006	-0.012	0.651	0.257
2007	-0.023	0.349	0.364
2008	-0.033	0.053	0.479
2009	-0.032	0.083	0.467
2010	-0.016	0.529	0.298
2011	-0.015	0.556	0.289
2012	-0.014	0.545	0.293
2013	-0.025	0.241	0.405

數據來源：根據 Moran's I 指數的相關數據計算而得。

　　全局 Moran's I 指數從總體上刻畫了產業結構合理化的空間相關特徵，卻無法具體分析各省份關於產業結構合理化的空間佈局。因此，需要通過 Moran's I 指數散點圖更為直觀地區分各省份與鄰近地區的產業結構合理化空間關聯模式。圖 5.9 刻畫了 2000 年和 2013 年各省份關於產業結構合理化的 Moran's I 指數散點圖。由於產業結構合理化水準與產業結構合理化指數負相關，較高的產業結構合理化指數代表產業結構合理化水準較低，因此，圖中第一象限稱為「高-高」型區域，表示產業結構合理化水準較低的省份被同為產業結構合理化水準較低的省份包圍；第二象限稱為「低-高」型區域，表示產業結構合理化水準較高的省份被產業結構合理化水準較低的省份包圍；第三象限稱為「低-低」型區域，表示產業結構合理化水準較高的省份被同為產業結構合理化水準較高的省份包圍；第四象限稱為「高-低」型區域，表示產業結構合理化水準較低的省份被產業結構合理化水準較高的省份包圍。圖中，2000 年有 20 個省份位於第一象限或第三象限，占樣本總數的 66.67%，2013 年有 23 個省份位於第一象限或第三象限，占樣本總數的 76.67%，表明中國省際產業結構合理化的空間依賴性逐漸增強。可以看出，Moran's I 指數散點圖反應的省際產業結構合理化空間相關性與 Moran's I 指數是一致的，說明中國省際的產業結構合理化存在顯著的空間依賴性。

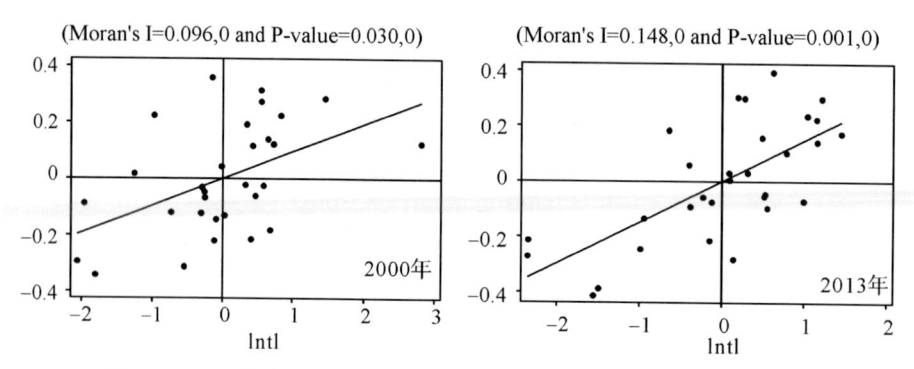

图 5.9　2000 年和 2013 年中國產業結構合理化的局部 Moran's I 散點圖

數據來源：根據 Moran's I 指標計算繪製。

5.3.2　模型設定

基於以上分析，由於中國省際的產業結構合理化存在明顯的空間集聚性，而產業結構高級化的空間相關性不明顯，因此，本書將在人民幣匯率變動對產業結構合理化的影響的研究中建立更為科學的空間計量模型進行相應的迴歸分析，而在人民幣匯率變動對產業結構高級化的影響的研究中基於面板數據進行相應的迴歸分析。

根據變量空間相關性的不同衝擊方式，空間計量模型主要包括空間滯後模型（SLM）和空間誤差模型（SEM）。空間滯後模型主要是考察變量在某一空間範圍內是否存在顯著的溢出效應，其空間相關係數反應了樣本觀測值之間的空間相關性，是鄰近地區觀測值對本地區觀測值的影響程度和方向的度量。與空間滯後模型不同的是，空間誤差模型的空間依賴性作用存在於誤差項中，主要考察了鄰近地區通過因變量的誤差衝擊對本地區觀察值的影響。考慮到產業結構合理化的空間依賴性，本書將人民幣匯率變動對中國產業結構合理化影響的計量方程設定如下：

（1）空間滯後模型

$$\ln TL_{it} = \alpha_0 + \alpha_1 \ln reer_{it} + \alpha_2 \ln pgdp_{it} + \alpha_3 \ln pgdp2_{it} + \alpha_4 \ln open_{it} + \alpha_5 \ln gov_{it} + \alpha_6 \ln hr_{it} + \alpha_7 \ln rd_{it} + \alpha_8 \ln fin_{it} + \rho_1 W \ln TL_{it} + \varepsilon_{it} \quad (5.20)$$

（2）空間誤差模型

$$\ln TL_{it} = \alpha_0 + \alpha_1 \ln reer_{it} + \alpha_2 \ln pgdp_{it} + \alpha_3 \ln pgdp2_{it} + \alpha_4 \ln open_{it} + \alpha_5 \ln gov_{it} + \alpha_6 \ln hr_{it} + \alpha_7 \ln rd_{it} + \alpha_8 \ln fin_{it} + \varepsilon_{it}$$

$$\varepsilon_{it} = \rho_2 W \varepsilon_{it} + \mu_{it} \quad (5.21)$$

需要指出的是，空間計量模型中的權重矩陣 W 的構造依然重要。根據不同學者的研究，權重的構造方法有所不同。為嚴謹起見，本書中將採用兩種形式的空間函數式構造空間權重，以使迴歸結果具有穩健性。本書採用的空間權重函數形式具體如下：

第一種形式，與計算 Moran's I 指數時的方法一樣，採用距離衰減法構造空間權重矩陣，以各省省會城市之間地理距離的倒數形式反應省份間的距離空間權重，將矩陣中的權重數值定義為 $w(d_{i,j}) = \dfrac{1}{d_{i,j}}$，$d_{i,j}$ 表示各省會城市之間的地理距離。

第二種形式，採用 0-1 接壤相鄰法構造空間權重矩陣，若兩省份接壤，則空間權重數值設定為 1；若兩省份不接壤，則空間權重數值設定為 0。本書中將各省份與該省份自身的空間權重數值設定為 0，同時設定海南省與廣東和廣西兩省份接壤。

對於人民幣匯率變動對中國產業結構高級化的影響，由於中國省際產業結構高級化不存在明顯的空間相關性，因此不適合採用空間計量模型進行相應的迴歸分析，本書將人民幣匯率變動對中國產業結構高級化影響的計量方程設定如下：

$$\ln TI_{it} = \beta_0 + \beta_1 \ln reer_{it} + \beta_2 \ln pgdp_{it} + \beta_3 \ln pgdp2_{it} + \beta_4 \ln open_{it} + \beta_5 \ln gov_{it}$$
$$+ \beta_6 \ln hr_{it} + \beta_7 \ln rd_{it} + \beta_8 \ln fin_{it} + \varepsilon_{it} \tag{5.22}$$

5.3.3 指標選取及數據說明

根據文獻的閱讀和本書的研究目的，本書將計量方程中涉及的被解釋變量和解釋變量設定如下：

產業結構合理化指數（$\ln TL$）：作為一個被解釋變量，用於衡量產業結構升級的水準之一。數據來源於《中國統計年鑒》和 Wind 數據庫，計算方法詳見式（5.3），根據各省份的基礎數據可以得到各省份的產業結構合理化指數。由於西藏自治區數據缺失較多，本書得到了 30 個省份的產業結構合理化指數，時間跨度為 2000—2013 年。

產業結構高級化指數（$\ln TI$）：作為另一個被解釋變量，用於衡量產業結構升級的另一個水準。數據來源於《中國統計年鑒》和《中國工業經濟統計年鑒》，計算方法詳見式（5.4）。根據各省份的基礎數據可以得到各省份的產業結構高級化指數，為保持與產業結構合理化指數的計量可比性，同時由於西

藏自治區產業發展的地區特殊性，本書仍然沒有考慮西藏自治區的產業結構高級化問題，得到了 30 個省份的產業結構高級化指數，時間跨度為 2000—2013 年。

人民幣實際有效匯率（lnreer）：是本書重點關注的核心解釋變量。如前所述，傳統上基於貿易流的省際匯率的研究，多採用總體貿易額為權重；也有學者對其進行了改進，以各省份自身的貿易流為權重分別測算了省際的人民幣實際有效匯率。由於基於增加值的實際有效匯率的合理性，本書前期測算了中國 33 個行業基於增加值的人民幣實際有效匯率。但是，在世界投入產出表中無法直接測算中國各省份基於增加值的人民幣實際有效匯率。在這裡，本書參考 Goldberg（2004）和徐濤等（2013）的方法，分兩步計算省際層面基於增加值的人民幣實際有效匯率。與上述學者的不同之處在於，本書以各省份各行業的增加值為權重，對中國各行業的基於增加值的人民幣實際有效匯率進行加權處理，匯總得到了各省份基於增加值的人民幣實際有效匯率，計算公式為

$$REER_{p,t} = \sum_{j=1}^{n} w_{p,j,t} * VAREER_j \qquad (5.23)$$

式（5.23）中，$REER_{p,t}$ 為 t 期各省份基於增加值的實際有效匯率，$w_{p,j,t}$ 為 t 期各省份 j 行業的增加值占本省份全部增加值的比重，$VAREER_j$ 為前期計算的中國 j 行業基於增加值的人民幣實際有效匯率。由於世界投入產出表中分行業的人民幣實際有效匯率依然能夠遵循 Bems 和 Johnson（2012）的局部均衡假定，同時世界投入產出表中行業間的替代彈性較小，因此，本書認為將行業層面基於增加值的有效匯率加權表述成同加總層面一致的形式以測算省際總體實際有效匯率是合理的。此外，為盡可能完整分析基於增加值的人民幣實際有效匯率的影響，本書將匯率的時間跨度延長至 2012 年，當年匯率測算採用與 2011 年相同的增加值權重，數據來源於 WIOD 數據庫。

模型的控制變量主要包括：地區人均生產總值（lnpgdp），用於衡量省際經濟的發展水準，用消費物價指數換算成以 2000 年不變價格計算的實際地區人均生產總值，數據來源於《中國統計年鑒》；lnopen 的計算方法為先用當年人民幣和美元的中間價匯率將按中國各省份境內貨源地及目的地口徑區分的進出口總額換算成以人民幣計價的貨幣單位，再除以該地區當年的生產總值，用於衡量省際經濟的開放程度，數據來源於《中國統計年鑒》和中國人民銀行統計數據；lngov 是地方政府經濟參與程度的指標，用地方政府財政支出占當地生產總值的比重衡量，數據來源於《中國統計年鑒》；lnhr 衡量了一個地區

所擁有的人力資本,用該地區人口的平均受教育年限進行測算,小學、初中、高中及大學依次記為6年、9年、12年及16年,數據來源於《中國統計年鑒》和《中國教育統計年鑒》;lnrd 表示地區的科技研發水準,用該地區研究與試驗發展人員全時當量表示,數據來源於《中國科技統計年鑒》;lnfin 為地區金融發展程度,以金融業增加值占地區生產總值的比重加以衡量,數據來源於《中國統計年鑒》。以上數據的時間跨度為1999—2012年。

需要指出的是,通過對匯率和產業結構關係的理論分析可知,一個地區的匯率和產業結構之間可能存在內生性問題。一方面,匯率的變動可以通過國際貿易和外國投資等渠道對地區的行業產量和產業結構產生影響;另一方面,由於巴拉薩-薩繆爾森效應的存在,一個地區的產業結構也將影響本地區的匯率水準。雖然在經濟全球化的發展趨勢下,開放部門和封閉部門的界限逐漸模糊,尤其通過對全球價值鏈的分析可知某一行業的產出將受到其餘所有行業的關聯影響,但這並不完全否定部門的產出差異對匯率影響的存在性。因此,模型中可能存在因為被解釋變量和解釋變量的因果關係導致的內生性問題。為此,本書選取匯率滯後一期的數值作為自身的工具變量,防止在迴歸過程中嚴重內生性問題的發生。根據「J曲線效應」,匯率變動後對產出產生影響存在一定的時滯,因此選取匯率的一期滯後值作為工具變量有其合理性,有助於理清匯率變動和產業結構升級之間的影響方向為匯率變動引致的產業結構升級,而不是產業結構升級引起匯率發生變化。由於選取的是省際層面的地區數據,數據量本身受到一定的限制,選取匯率的一期滯後值作為工具變量也可以較大限度的緩解這一情況導致的內生性問題。此外,其餘控制變量包括地區人均生產總值、對外開放度、政府干預程度、人力資本存量、地區科技研發水準和金融發展水準等都可能與產業結構之間存在一定的因果關係,因此,本書分別選取這些變量的一階滯後值作為工具變量以減少模型因內生性問題產生的偏差。

以上各變量的具體描述統計情況見表5.4。

表5.4 各變量描述統計

變量	均值	標準差	最小值	最大值
lnTL	-1.499,0	0.709,5	-4.080,7	0.479,8
lnTI	-0.657,9	0.394,3	-1.329,7	1.172,4
ln$reer$	-0.100,9	0.129,5	-0.436,0	0.164,9
ln$pgdp$	9.545,1	0.708,5	7.836,9	11.179,3

表5.4(續)

變量	均值	標準差	最小值	最大值
ln*pgdp*2	91.609,9	13.632,9	61.416,6	124.975,9
ln*open*	−1.669,3	0.957,1	−3.608,2	0.511,8
ln*gov*	−1.830,1	0.409,1	−2.765,3	−0.433,0
L*nhr*	2.090,0	0.128,8	1.693,5	2.493,3
ln*rd*	10.345,0	1.196,2	6.742,9	13.106,9
ln*fin*	−3.310,1	0.506 1	−5.058,8	−1.952,7

數據來源：根據所搜集到各變量的數理統計情況，經作者整理而得。

5.3.4　樣本估計結果及經濟學解釋

在人民幣匯率變動對產業結構合理化研究的估計方法上，由於存在空間項，故普通最小二乘法（OLS）迴歸不再有效，本書將主要借鑑 Elhorst 等（2003）採用的極大似然迴歸方法（ML）進行計量迴歸。在效應的選取上，由於面板殘差成分分解的不同，空間面板模型可以分為空間固定效應模型和空間隨機效應模型。根據經驗研究，當研究樣本局限於一些特定的個體時，空間固定效應模型更為合適，而本書針對的是中國 30 個省份的產業結構合理化問題，故此時採用空間固定效應模型較為合理。此外，通過迴歸結果的比較，空間滯後模型的迴歸結果較空間誤差模型的迴歸結果略好，說明中國的省際產業結構合理化主要受到鄰近地區產業結構合理化和選取的解釋變量的影響，這裡主要使用空間滯後模型進行相關分析和解釋。

由表 5.5 可知，中國省際產業結構合理化的空間自迴歸系數 ρ 在地理距離權重法和 0-1 接壤相鄰法的大多數模型中顯著為正，各解釋變量的迴歸系數在方向和大小上基本保持了一致，表明中國省際產業結構合理化存在空間集聚性以及各解釋變量對產業結構合理化產生影響的結論較為穩健。具體來看，無論從 R^2 還是 $Sigma^2$ 上看，地理距離權重法和 0-1 接壤相鄰法空間迴歸中的時間固定效應對全部樣本進行的極大似然估計效果較好。因此，本書以 0-1 接壤相鄰法下的時間固定效應為例對相關變量進行解釋和說明。

表 5.5　　　　　　　全樣本的空間計量模型估計結果

	地理距離法權重			0-1 接壤相鄰法權重		
	（1）時間固定	（2）空間固定	（3）時空雙固定	（4）時間固定	（5）空間固定	（6）時空雙固定
lnreer	-4.609***	-0.388	-0.752	-4.005***	-0.378	-0.755
	(-5.18)	(-1.50)	(-0.80)	(-4.50)	(-1.40)	(-0.84)
lnpgdp	2.595	2.458	2.599*	1.442	2.100	2.195
	(1.34)	(1.61)	(1.69)	(0.80)	(1.42)	(1.48)
lnpgdp2	-0.160	-0.116	-0.092,8	-0.094,7	-0.099,5	-0.073,4
	(-1.61)	(-1.46)	(-1.18)	(-1.03)	(-1.29)	(-0.96)
lnopen	-0.141	-0.036,8	0.003,77	-0.069,6	-0.013,1	0.037,4
	(-1.17)	(-0.41)	(0.04)	(-0.76)	(-0.15)	(0.38)
lngov	0.503***	-0.176	0.040,9	0.322*	-0.150	0.057,7
	(2.89)	(-0.78)	(0.19)	(1.84)	(-0.65)	(0.26)
lnhr	-1.718***	-0.942***	-1.330***	-1.864***	-0.933***	-1.332***
	(-2.59)	(-3.42)	(-2.89)	(-3.37)	(-3.46)	(-2.89)
lnrd	-0.023,4	-0.263***	-0.224**	-0.046,0	-0.232***	-0.185**
	(-0.40)	(-3.62)	(-2.40)	(-0.79)	(-3.35)	(-2.11)
lnfin	-0.092,6	-0.106	-0.058,0	-0.083,8	-0.096,2	-0.049,8
	(-1.12)	(-1.27)	(-0.65)	(-1.23)	(-1.11)	(-0.54)
ρ	0.392*	0.161	-0.094,4	0.441***	0.234*	0.216*
	(1.73)	(0.90)	(-0.42)	(3.71)	(1.69)	(1.70)
Sigma^2	0.099,9***	0.028,6***	0.025,2***	0.081,2***	0.027,3***	0.024,2***
	(5.63)	(5.34)	(5.81)	(4.90)	(6.02)	(6.65)
R^2	0.325,7	0.304,0	0.096,8	0.387,7	0.332,3	0.156,9
LogL	-112.029,4	149.907,6	176.656,5	-77.826,4	157.159,3	183.411,1
觀測值	420	420	420	420	420	420
組數	30	30	30	30	30	30

註：***、**和*分別表示在1%、5%和10%的顯著性水準下顯著；括號內的值為迴歸系數的Z值。

對於空間自迴歸系數 ρ，方程（4）［即表5.5中的（4）］的估計系數在1%的水準上通過顯著性檢驗，表明總體上中國產業結構合理化存在明顯的空間自相關性，各省份的產業結構合理化水準並非是獨立的，而是受到鄰近地區

5　人民幣匯率變動對中國產業結構升級的影響　101

產業結構合理化水準的影響，這與 Moran's I 指數的計算結果一致。同時，方程中的空間自迴歸系數均為正，表明各省份的產業結構合理化呈現出「局部集團」效應，即一個省份的產業結構合理化水準較低，則其鄰近省份的產業結構合理化水準也不高；反之，若一個省份的產業結構合理化水準較高，則其鄰近省份的產業結構合理化水準也較高，這與 Moran's I 散點圖的顯示結果基本相同。

  由於本書中以直接標價法反應人民幣的匯率變動情況，人民幣實際有效匯率下降表示人民幣升值，而產業結構合理化指數上升則表示產業結構合理化程度下降，因此文中人民幣實際有效匯率的符號為負，表示人民幣升值1%，中國的產業結構合理化指數將上升 4.005%，這意味著人民幣升值將不利於中國省級產業結構向著均衡合理化方向發展。如前文所述，人民幣匯率變動主要通過國際貿易和外商直接投資對中國的產業結構產生影響。以外商直接投資為例來看，由於中國製造業的開放程度較高，在發展外向型經濟時，外商直接投資主要流向該產業。2000 年以來，中國製造業部門實際利用外資始終占據外商直接投資的最大比重，21 世紀初中國製造業部門實際利用外資甚至一度接近 70%。當人民幣出現升值時，製造業部門的外商直接投資企業將首先通過技術水準的提升消除人民幣升值的不利影響，而技術外溢效應進一步提高了製造業部門的生產率。相比之下，其他開放程度較低的產業部門的生產率提升較慢，從而導致中國產業結構合理化水準的下降。

  對於其他影響產業結構合理化的解釋變量，從經濟增長來看，產業結構合理化指數對地區人均生產總值呈現出先升後降的倒 U 型趨勢，表明地區人均生產總值對省際產業結構合理化水準具有非線性的影響，在人均生產總值增長初期，中國的產業結構合理化水準將出現下降的趨勢，而在經濟發展到一定水準時，中國的產業結構合理化水準將出現上升。進入 21 世紀以來，隨著中國加入世界貿易組織，中國將更多的精力投入到出口製造業的發展中。這雖然使國民收入顯著增加，但也造成第一產業和第三產業的生產率明顯落後於製造業的發展問題，從而使得中國的產業結構合理化水準出現下降。近年來，中國開始更加關注產業間的協調發展，才使得產業結構重新趨於合理。省際經濟的開放程度、科技研發水準和金融發展程度對產業結構合理化指數的影響系數為負，表明三者對省際的產業結構合理化水準都有積極影響，說明中國的開放程度、科技研發水準和金融發展並沒有嚴重偏向某一產業的發展，對三次產業生產率的影響較為均衡。但是，以上變量對產業結構合理化並沒有產生顯著的影響，表明這些變量對促進產業結構合理化的影響還較弱。人力資本的提升對中

國產業結構合理化水準具有明顯的正向促進作用，表明隨著人們受教育水準的提高，對三次產業生產率的提高都能夠產生積極的影響。地方政府對經濟的參與程度對產業結構合理化產生了明顯的阻礙作用，表明考察期內地方政府仍然注重第二產業對經濟增長拉動作用而忽視三次產業的均衡發展。

鑒於中國30個省份所處的區域經濟發展水準及匯改前後中國的匯率政策有所不同，為進一步驗證人民幣匯率變動對產業結構合理化的影響，有必要對樣本進行地區劃分和時段劃分，並再次檢驗上述結論是否成立。表5.6為分地區和時段的人民幣匯率變動對產業結構合理化的迴歸方程估計結果，這裡主要討論空間自迴歸系數和人民幣實際有效匯率的系數問題。

表 5.6　　分地區和時段樣本的空間計量模型估計結果

	分地區檢驗		分時段檢驗	
	東部地區	中西部地區	2000—2005年	2006—2013年
ln$reer$	−1.364*	−4.187***	−5.411***	−2.667***
	(−1.74)	(−3.48)	(−4.75)	(−2.97)
ln$pgdp$	5.400	−6.874***	2.049	1.382
	(1.52)	(−3.35)	(0.80)	(0.62)
ln$pgdp2$	−0.308*	0.356***	−0.152	−0.081
	(−1.79)	(3.35)	(−1.15)	(−0.74)
ln$open$	−0.035	−0.038	0.071	−0.111
	(−0.32)	(−0.27)	(0.92)	(−1.28)
lngov	−0.147	0.717**	0.592***	0.041
	(−0.68)	(2.41)	(3.40)	(0.16)
lnhr	−0.449	−0.723	−1.636***	−1.825**
	(−0.72)	(−0.92)	(−3.83)	(−2.15)
lnrd	0.105*	−0.027	0.012	−0.102
	(1.85)	(−0.25)	(0.24)	(−1.59)
lnfin	−0.318**	0.038	0.045	−0.185*
	(−1.96)	(0.59)	(0.78)	(−1.73)
ρ	0.344***	0.168	0.269*	0.55***
	(7.14)	(0.97)	(1.67)	(4.91)
Sigma^2	0.048***	0.068***	0.060***	0.076***
	(3.82)	(5.72)	(5.05)	(4.48)
R^2	0.800,6	0.778,8	0.462,1	0.584,2

表5.6(續)

	分地區檢驗		分時段檢驗	
	東部地區	中西部地區	2000—2005年	2006—2013年
LogL	12.391,3	−20.897,0	−4.865,5	−40.351,1
觀測值	154	266	180	240
組數	11	19	30	30

註：***、**和*分別表示在1%、5%和10%的顯著性水準下顯著；括號內的值為迴歸系數的Z值。

　　從分地區的檢驗來看，表5.6的空間自迴歸系數在東部地區顯著為正，在中西部地區沒有通過顯著性檢驗，表明中國東部地區的產業結構合理化水準存在明顯的空間集聚現象，而中西部地區的產業結構合理化水準尚未形成明顯的空間集聚現象。這可能與地區的經濟發展水準差異和地區內部的經濟聯繫相關。中國東部地區的經濟發展水準處於全國前列，且形成了諸如長三角、珠三角和環渤海經濟圈等聯動效應較好的經濟發展區域，因此中國東部地區產業結構合理化水準的空間集聚現象明顯。相比之下，中國中西部地區的經濟發展水準整體上相對落後，且沒有形成諸如以上具有聯動效應的經濟發展區域，因此產業結構合理化水準也尚未形成明顯的空間集聚現象。具體來看人民幣匯率變動的影響情況，東部地區人民幣實際有效匯率的迴歸系數表明人民幣實際有效匯率升值1%，其產業結構合理化水準將下降1.364%；而中西部地區人民幣實際有效匯率升值1%，其產業結構合理化水準將下降4.187%，說明中國中西部地區的產業結構合理化水準在人民幣升值的情況下將受到更加嚴重的影響。相對來說，中國東部地區集聚了跨國公司的營運總部或在華研發中心，製造業的發展對於第一產業和第三產業生產率的溢出效應更加明顯，貿易結構也相對均衡合理，因此對三次產業生產率的非均衡發展影響較小。中西部地區作為主要的外資企業生產基地，外商直接投資目前仍然集中於大量的生產中，且受到東部地區製造業轉移的影響，人民幣匯率升值引起的貿易結構和外商直接投資對生產率的非均衡發展影響較大。

　　再來看人民幣匯率變動對產業結構合理化的分時段影響。表5.6的空間自迴歸系數在匯改前後兩個時段均顯著為正，表明中國匯改前後的產業結構合理化水準均存在顯著的空間集聚現象，且匯改後的產業結構合理化空間集聚現象更加明顯。具體來看人民幣匯率變動的影響情況，匯改前人民幣實際有效匯率的迴歸系數表明人民幣實際有效匯率升值1%，中國產業結構合理化水準將下降5.411%；而匯改後人民幣實際有效匯率升值1%，中國產業結構合理化水準

將下降 2.667%，表明匯改後中國中國產業結構合理化水準的下降程度受人民幣升值的影響出現減少。2005 年以後，中國的貿易結構和外商直接投資結構在產業間的分佈開始出現明顯的變化。以外商直接投資的產業分佈為例，從 2005 年開始，其在製造業的投資比重持續下降，2013 年中國外商直接投資在製造業的投資比重已下降到 38.74%，在第一產業的投資比重上升到 1.53%，在第三產業的投資比重增加到 55% 以上。由此可知其對中國三次產業的合理發展相比匯改前起到了一定的改善作用，對產業結構合理化水準的不利影響有所減緩，但總體上仍不利於中國產業結構合理化水準的提高。全樣本估計結果見表 5.7。

表 5.7　　　　　　　　　　　全樣本估計結果

	固定效應	隨機效應
ln$reer$	−1.153***	−0.792***
	(0.363)	(0.279)
ln$pgdp$	−3.235**	−3.495***
	(1.189)	(1.072)
ln$pgdp2$	0.150**	0.162***
	(0.061,6)	(0.055,7)
ln$open$	0.266*	0.196***
	(0.135)	(0.064,1)
lngov	−0.013,4	0.122
	(0.191)	(0.107)
lnhr	1.756***	1.727***
	(0.387)	(0.342)
lnrd	−0.095,7	−0.049,7
	(0.082,6)	(0.050,4)
lnfin	0.116	0.156**
	(0.074,5)	(0.071,2)
Constant	14.49**	15.72***
	(5.898)	(4.874)
R^2	0.350	0.403
F 統計量	20.02***	—
Wald chi2	—	104.95
觀測值	420	420
組數	30	30

註：***、** 和 * 分別表示在 1%、5% 和 10% 的顯著性水準下顯著；括號內為對應迴歸係數的穩健標準差。

接下來，我們將具體分析人民幣匯率變動對中國產業結構高級化的影響。由於中國省際產業結構高級化不存在明顯的空間相關性，因此本書將採用面板數據進行相應的迴歸分析。根據經驗研究，當研究樣本局限於一些特定的個體時，固定效應模型優於隨機效應模型，由於本書針對的是中國30個省份的產業結構高級化問題，故採用固定效應模型較為合理。同時，根據本書對固定效應和隨機效應的 Hausman 檢驗，進一步確定使用固定效應對模型進行相應的解釋分析。

在本書中以直接標價法反應人民幣匯率變動的情況下，人民幣實際有效匯率下降表示人民幣升值，而產業結構高級化指數上升則表示產業結構高級化程度上升。因此文中人民幣實際有效匯率的符號為負，表示人民幣升值1%，中國的產業結構高級化水準將上升 1.153%，這意味著人民幣升值將有利於中國產業結構向著高級化方向發展，與預期的方向相一致。如前文所述，當人民幣升值時，中國較多使用勞動力的行業部門將通過價格相對下降的資本和技術對價格相對上升的勞動力進行替代，減少較多使用勞動力的產品生產，而轉向較多使用資本和技術的產品的生產，使得生產資源實現由勞動密集型行業向資本和技術密集型行業的轉移和流動，從而實現產業結構的升級。同時，人民幣升值通過外商直接投資對中國技術水準較低、缺乏競爭力的行業產生了一定的「擠出」效應，但是對技術水準較高的新興行業反而起到了增加投資的作用，從而促進了中國產業結構高級化的發展。

對於其他影響產業結構高級化的解釋變量，從經濟增長來看，產業結構高級化關於地區人均生產總值呈現出先降後升的倒 U 型趨勢，表明人均國內生產總值對產業結構高級化水準也具有非線性的影響。在人均生產總值增長初期，中國的產業結構高級化水準將出現下降的趨勢；而在經濟發展到一定水準時，中國的產業結構高級化水準將出現上升。這與中國的經濟發展方式相吻合。21世紀初期，中國在加入世界貿易組織後承接了大量的國際產業轉移，但其中以低技術度和低附加值的加工貿易為主，因此雖然中國經濟出現了快速發展，但對產業結構的高級化產生不利影響。當前，國內資源短缺和全球氣候變化的現狀使中國的工業發展面臨著日益嚴峻的資源和環境壓力，但同時給中國帶來了倒逼工業結構升級的機遇和動力，高加工度化、高技術化和高附加值化的工業結構開始在中國逐漸形成。同時，隨著信息技術的興起和人們生活水準的提高，服務型經濟逐漸開始發展，第三產業在中國國民經濟中的比重逐漸提高，也促進了產業結構高級化的發展。中國的經濟開放程度對產業結構高級化也具有明顯的正向影響，表明中國融入全球經濟的發展對提升中國的產業結

構高級化水準有積極的促進作用。地方政府對經濟的參與程度、科技研發水準和金融發展水準的影響係數均未通過顯著性檢驗，表明這些變量對中國產業結構高級化都沒有產生顯著的影響。中國人力資本對產業結構高級化的影響顯著為正，表明隨著人們受教育水準的提高，對中國經濟發展朝著服務型經濟和高技術產業方向發展起到了明顯的推動作用，這與學者們的普遍研究相一致。

與產業結構合理化的分析方法相同，鑒於中國 30 個省份所處的區域經濟發展水準及匯改前後中國的匯率政策有所不同，為進一步驗證人民幣匯率變動對產業結構高級化的影響，有必要對樣本進行地區劃分和時段劃分，並再次檢驗上述結論是否成立。表 5.8 為東部和中西部以及 2000—2005 年和 2006—2013 年人民幣匯率變動對產業結構高級化影響的迴歸方程估計結果，這裡主要討論人民幣實際有效匯率的係數問題。

表 5.8 分地區和時段樣本估計結果

	東部地區	中西部地區	2000—2005 年	2006—2013 年
ln$reer$	-0.708***	-1.352**	-0.358***	-1.175**
	(0.201)	(0.528)	(0.126)	(0.538)
ln$pgdp$	-6.305***	-2.086	-2.129***	-5.244**
	(1.004)	(3.089)	(0.559)	(2.055)
ln$pgdp2$	0.297***	0.091,6	0.102***	0.251**
	(0.049,7)	(0.163)	(0.029,8)	(0.115)
ln$open$	0.133**	0.294	0.031,2	0.419**
	(0.051,7)	(0.176)	(0.047,0)	(0.174)
lngov	0.381**	-0.110	0.155**	-0.018,0
	(0.133)	(0.312)	(0.063,0)	(0.441)
lnhr	0.787	1.751***	-0.146	2.773***
	(0.467)	(0.482)	(0.194)	(0.646)
lnrd	0.146**	-0.176	0.066,5	-0.238
	(0.058,0)	(0.157)	(0.039,9)	(0.161)
lnfin	-0.176**	0.151	0.032,8	0.231
	(0.074,3)	(0.094,7)	(0.058,4)	(0.156)
Constant	29.68***	9.747	10.33***	24.36**
	(5.133)	(14.63)	(2.690)	(10.14)
R^2	0.653	0.305	0.574	0.457

表5.8(續)

	東部地區	中西部地區	2000—2005年	2006—2013年
F統計量	42.51***	26.38***	42.51***	5.41***
觀測值	154	266	180	240
組數	11	19	30	30

註：***、**和*分別表示在1%、5%和10%的顯著性水準下顯著；括號內為對應迴歸系數的穩健標準差。

從分地區的檢驗來看，中國東部地區人民幣實際有效匯率的迴歸系數表明人民幣實際有效匯率升值1%，其產業結構高級化水準將上升0.708%；而中部地區人民幣實際有效匯率升值1%，其產業結構高級化水準將上升1.352%，說明中國中西部地區的產業結構高級化水準在人民幣升值的情況下將得到更大的提升。這可能是由於中國中西部地區的第三產業和高技術產業發展本身相對滯後，因此人民幣升值對中西部地區的產業結構高級化具有較強的促進作用。再來看人民幣匯率變動對產業結構高級化的分時段影響。匯改前人民幣實際有效匯率的迴歸系數表明人民幣實際有效匯率升值1%，中國產業結構高級化水準將上升0.358%；而匯改後人民幣實際有效匯率升值1%，中國產業結構高級化水準將上升1.175%，表明匯改後人民幣升值對中國產業結構高級化的正向影響更強。

5.4　本章小結

產業結構升級是產業升級的重要內容，本書界定的產業結構升級主要包括產業結構合理化和產業結構高級化，二者共同構成了產業結構升級的重要內容，主要表現為三次產業之間協調能力和關聯水準的提高，以及產業間第一、二、三產業的依次延伸和三次產業內部由低級部門向高級部門的演化。本章所得的主要結論如下：

第一，從產業結構合理化方面來看，在全國範圍內，各省份的泰爾指數差異明顯。北京、上海和天津的泰爾指數較低，三地產業結構的合理化水準位居全國前列。貴州、甘肅、寧夏三省份的泰爾指數較高，三省的產業結構合理化程度較低。從變化趨勢來看，多數省份的泰爾指數呈現下降的趨勢，多數地區內的產業結構合理化水準的變化趨勢大體相同，且中國不同地區內部省份的產業結構合理化水準具有明顯的集聚分佈現象。從產業結構高級化方面來看，

北京市的產業結構高級化水準與其餘地區相比具有明顯的優勢，四川省、河南省、山西省、天津市、廣東省和江蘇省後期增長空間較大。通過 Moran's I 指數的計算發現，中國產業結構合理化確實具有明顯的空間集聚現象，但中國的產業結構高級化並未形成明顯的空間集聚現象。

第二，在產業結構合理化方面，中國省際產業結構合理化在總體上存在明顯的空間自相關性，且呈現出「局部集團」效應。迴歸中人民幣實際有效匯率的符號為負，意味著人民幣升值將不利於中國產業結構向著均衡合理化的方向發展。從分地區的檢驗來看，空間自相關的迴歸係數在東部地區顯著為正，在中西部地區沒有通過顯著性檢驗，表明中國東部地區的產業結構合理化存在明顯的空間集聚現象，而中西部地區的產業結構合理化尚未形成明顯的空間集聚現象。人民幣實際有效匯率系數表明，中國中西部地區的產業結構合理化水準在人民幣升值的情況下將受到更加嚴重的不利影響。從分時段檢驗來看，中國匯改前後的產業結構合理化水準均存在顯著的空間集聚現象，且匯改後的產業結構合理化空間集聚現象更加明顯。人民幣實際有效匯率系數表明匯改後中國中國產業結構合理化水準的下降程度受人民幣升值的影響出現減少。

第三，在產業結構高級化方面，人民幣實際有效匯率的符號為負，意味著人民幣升值將有利於中國產業結構向著高級化方向發展。從分地區的檢驗來看，中國中西部地區的產業結構高級化水準在人民幣升值的情況下將得到更大的提升，從分時段的檢驗來看，匯改後人民幣升值對中國產業結構高級化的正向影響更強。

6 人民幣匯率變動對全要素生產率的影響

6.1 全要素生產率與產業升級

產業升級需要通過提升生產效率和生產要素的配置效率實現全要素生產率的提升。由於全要素生產率的不同在很大程度上導致了增加值的不同，全要素生產率較高的國家或產業能夠以較低的成本實現較高的利潤，從而實現產品的升級換代，並使整個產業在價值鏈的地位得以提升。因此，全要素生產率的提升也是中國在垂直專業化分工中實現價值鏈提升的重要內容和主要表現形式。根據第二章對產業升級的剖析，產業升級在產業內部可以表現為生產升級、生產組織升級和市場升級等。

由於生產是通過中間產品和勞動、資本等生產要素的投入，結合一定的生產技術，最終獲得財富和產出的活動，因此，生產升級可細分為投入升級、技術升級和產出升級。投入升級是生產中投入的生產要素自身的升級過程，主要包括人力資本存量的增加和實物資本質量的提高。技術升級是通過技術研發改進生產工藝、生產流程和生產技能等生產環節以及提升現有產品序列的質量，優化生產要素的配置並整合產品在價值鏈上的前向和後向聯繫。產出升級主要指產品技術複雜度的提升和加強新產品的開發，產品技術複雜度的提升反應了產品質量的提高，新產品的開發則反應了整個商品市場的升級。

從產業角度出發，產業內部的生產組織升級主要是功能升級等相同產業價值鏈上的升級。生產單位將各種生產要素在時間和空間上進行重新整合，可以沿著價值鏈向上游延伸，從產品的簡單加工向複雜裝配加工、關鍵零部件生產和產品的設計研發方向升級，也可以沿著價值鏈向下游延伸，從產品的簡單加

工向產品的總裝、銷售、售後服務和銷售網絡的維護方向升級。

市場升級主要包括市場規模的擴大和市場效率的提高兩個方面。其中，市場規模的擴大既有在給定的地理範圍內通過提高產品的價格或需求量實現的市場成長，也有通過延伸產品市場的地理邊界實現的市場擴張。市場效率的提高，主要依靠降低市場的交易成本得以實現，主要包括破除行業和地區間的市場壁壘、保證市場主體間的地位平等、減少政府的行政干預以及減少勞動力、資本流動的技術障礙等。

無論採取何種升級方式，產業升級的動力也來自生產要素和生產方式的優化選擇，而且越是在更高的產業發展階段上，越要依靠全要素生產率的提升實現產業升級。從動態發展來看，產業升級的主導力量一般從勞動力開始，其後將經過物質資本、人力資本、知識資本以及全要素生產率的提升。特定時間段內的產業升級必定伴隨著動力格局在此期間的轉換。由於勞動力、物質資本、人力資本、知識資本以及全要素生產率對產業升級的貢獻率依次遞增，因此，隨著產業升級的不斷深化，從提高勞動生產率到提高產品的增加值並不斷開發新的產品，以及完成從產業價值鏈低端向價值鏈高端的轉移，將依次出現物質資本的貢獻率超過勞動的貢獻率、人力資本的貢獻率超過物質資本的貢獻率、知識資本的貢獻率超過人力資本的貢獻率、全要素生產率的貢獻率超過知識資本的貢獻率的現象。如果某一產業始終停留在勞動或資本要素主導的提升增加值率的格局中，並不符合產業升級的題中之意。近年來，隨著中國經濟的進一步轉型，中國也開始注重從低附加值的簡單加工製造向新技術的應用轉變。由於全要素生產率具有規模報酬遞增的特點，因此全要素生產率的提升能夠改變產品價值提升的競爭範式。當然，勞動力、物質資本、人力資本、知識資本在產業升級中發揮作用的難度也遵循依次遞增的規律。同時，由於通過技術進步實現生產效率的提升和通過生產要素的重新組合實現配置效率提升的門檻較高，難度較大，因此全要素生產率的提升過程相對緩慢，並且在長期的提升過程中可能出現非連續性。

6.2 中國全要素生產率的變化和測算

6.2.1 中國全要素生產率的總體變化情況

從宏觀經濟來看，無論發達國家或發展中國家，其經濟發展方式都不是一成不變的，也都經歷了或正在經歷著發展方式的轉變，相應的經濟結構也隨著

經濟發展方式的轉變而發生局部或根本性的變革。部分發達國家在歷史上曾保持了經濟的長期高速增長，但現在卻出現了增長停滯甚至經濟衰退。以新興經濟體為代表的大部分發展中國家目前正在經歷著經濟增長的黃金時期，但在經濟增長的過程中通常也出現了各種矛盾。隨著中國經濟增長速度的減慢，一個現實的問題是中國能否實現經濟的可持續發展，而能否保持經濟長期增長的動力，尤其是能否實現不同發展階段新舊增長動力的及時轉換，是解決這一問題的根本路徑。

從要素供給角度看，中國在不同時期資本存量、勞動力供給和全要素生產率（TFP）對經濟增長的作用也有所不同（見表6.1）。總體來看，資本存量對經濟增長的貢獻一直處於主導地位，無論是要素增速和對經濟增長的貢獻都在增加。1978—2013年，資本存量對經濟增長的貢獻從59.2%增長到104.6%。從時間階段來看，資本存量對經濟增長的貢獻在1985—1989年出現了一定的下降，但從20世紀90年代開始出現了持續增長，這種趨勢在2008年美國次貸危機和歐債危機後表現得更為明顯。美國次貸危機和歐債危機後，為保持經濟平穩增長，國家出抬了有力的經濟刺激政策，尤其在投資方面對經濟增長的帶動作用有明顯效果。

表6.1　　　從要素供給看中國經濟增長動力的變化　　　　單位：%

時期	GDP增速	要素增速 資本存量	勞動力	TFP	要素增長貢獻 資本存量	勞動力	TFP
1978—1984年	9.3	7.3	3.5	3.3	59.2	14.2	26.6
1985—1989年	9.8	7.4	2.5	4.5	50.7	13.3	36.0
1990—1994年	10.9	8.3	1.6	5.2	52.9	9.1	37.9
1995—1999年	9.1	10.7	1.1	2.7	65.9	5.7	28.4
2000—2005年	9.5	10.8	1.0	2.8	66.1	4.7	29.3
2006—2011年	10.9	12.5	0.6	3.0	72.2	2.3	25.5
2012—2013年	7.7	13.3	0.4	-0.5	104.6	1.9	-6.5

數據來源：趙昌文．工業化後期的中國經濟增長新動力［J］．中國工業經濟，2015（6）：44-54．

改革開放後，中國勞動力就業人數從1978年的40,152萬人增長到2013年的76,977萬人，累計增長91.71%，但勞動力增加對經濟增長的貢獻相對較少，而且其對經濟增長的作用出現持續下降。1978—1984年，長期壓抑的人口紅利被釋放出來，工業化的推進為勞動力提供了充足的就業機會，且這一時期中國的製造業多以勞動密集型為主，因此這一時期勞動力對經濟增長的貢獻

相對較高。此後，大規模的勞動力轉移也為經濟增長發揮了重要作用，但依然過剩的農村勞動力抑制了邊際產出的提升，使勞動力對經濟增長的貢獻開始下降。近年來，隨著人口紅利的逐漸消失，中國開始受到勞動力數量和質量的雙重壓力，勞動力對經濟增長的貢獻更加低迷。

同時，全要素生產率的增速開始上升，其對經濟增長的貢獻從初期的26.6%增長到20世紀90年代初的37.9%。與同期世界其他國家和地區相比較高，中國主要得益於改革開放對生產力的極大解放，外資進入也對中國企業的生產、管理學習提供了巨大的機會。整體來看，中國全要素生產率對經濟增長的貢獻高於勞動力的貢獻，但從20世紀90年代末期開始已出現持續下降的趨勢，甚至在2012—2013年出現了對經濟增長的副作用。

通過對資本存量、勞動力供給和全要素生產率的比較可以發現，改革開放初期資本投入和全要素生產率對經濟增長的作用都較為明顯，但目前中國經濟增長的動力已主要來源於資本投入的增加。從1978年開始，資本匱乏是制約中國經濟增長的最重要因素，因此資本投入在此期間擁有較高的回報率，資本投入從此開始空前高漲。1994年開始的分稅制改革，使各地政府開始對資本投入特別是外商直接投資的流入產生極大的興趣，因此各地對資本投入的重視程度遠遠超過對全要素生產率的關注。1997年亞洲金融危機和2008年金融危機，再次使資本投入成為挽救危機的直接有效工具。在個別階段，全要素生產率對經濟增長出現過不同程度的帶動作用，主要源於人口紅利的釋放或資本投入對資源配置效率的提升，但全要素生產率對經濟增長的貢獻與資本投入相比始終較低。近年來，人口紅利的消失逐漸顯現，經濟增長的新動力應主要來源於勞動力的集約使用和全要素生產率貢獻率的提升，特別是要素的進一步優化配置和技術進步發揮越來越重要的作用。接下來，本書將在對中國製造業28個行業的全要素生產率進行測算的基礎上，分析人民幣匯率變動對全要素生產率的影響。

6.2.2 中國製造業行業全要素生產率的測算

在這裡，本書將採用非參數的數據包絡分析法（DEA）測算中國製造業28個行業的全要素生產率的變化情況。數據包絡分析法是典型的非參數前沿分析方法，是運籌學的分支，主要由數學、經濟學和管理學交叉形成。在數據包絡分析法中，如果將每一個研究對象視為一個決策單元（DMU），則可以利用這些決策單元的投入與產出組合，用數學規劃方法估計出一個刻畫最優投入產出關係的有效生產前沿面，並根據每一個決策單元是否位於該生產前沿面

上，或根據每一個決策單元與該生產前沿面的距離，判斷每個決策單元的全要素生產率。這裡的生產前沿面，是由觀測到的決策單元的投入產出活動經規劃得到的經驗性生產前沿面，屬於決策單元觀察值的包絡面的一部分。數據包絡分析法的本質是根據觀測到的決策單元的統計數據確定有效的生產前沿面，進而利用生產前沿面建立非參數的模型來研究相同類型部門間的效率差異的方法。數據包絡分析法的最大優點在於不需要考慮對涉及投入產出關係的生產函數的具體形態和分佈特徵進行假定，只需根據線性優化的方法得出邊界生產函數，並根據距離函數判斷每個決策單元的全要素生產率差異，其中的投入產出變量權重不受人為主觀因素的影響。

在此基礎上，本書採用基於數據包絡分析法的 Malmquist 指數方法（DEA-Malmquist）對中國 28 個製造業行業的全要素生產率進行相應的測算。Malmquist 指數方法是最早由 Caves 等（1982）在 CCR 模型的基礎上提出，主要將數據包絡分析法和 Malmquist 指數方法相結合來測算全要素生產率的方法。Fare（1994）根據數據包絡分析法在 Malmquist 指數的測算方法上取得進展，將其由理論指數發展為實證指數，並根據 Shephard 距離函數將其分解為技術進步和技術效率進行研究。根據定義，測算 t 和 $t+1$ 兩個時期全要素生產率的 Malmquist 指數的表達式為：

$$M_i^t(x_t, y_t, x_{t+1}, y_{t+1}) = \frac{D_i^t(x_{t+1}, y_{t+1})}{D_i^t(x_t, y_t)} \quad (6.1)$$

$$M_i^{t+1}(x_t, y_t, x_{t+1}, y_{t+1}) = \frac{D_i^{t+1}(x_{t+1}, y_{t+1})}{D_i^{t+1}(x_t, y_t)} \quad (6.2)$$

其中，x 和 y 分別表示要素投入和產出情況，i 表示決策單元。式（6.1）和式（6.2）分別表示基於 t 時期決策單元掌握的前沿技術進行的 t 時期到 $t+1$ 時期的距離函數變化，和基於 $t+1$ 時期決策單元掌握的前沿技術進行的 $t+1$ 時期到 t 時期的距離函數變化情況。由於根據相鄰時期定義的 Malmquist 指數在經濟學上具有對稱性，為避免不同的時期選擇造成的結果不一致性，通常採用上述兩式的幾何平均值表示綜合的 Malmquist 指數，因此將綜合的 Malmquist 指數表示為

$$TFP(x_t, y_t, x_{t+1}, y_{t+1}) = \left[\frac{D^t(x_{t+1}, y_{t+1})}{D^t(x_t, y_t)} * \frac{D^{t+1}(x_{t+1}, y_{t+1})}{D^{t+1}(x_t, y_t)} \right]^{1/2} \quad (6.3)$$

式（6.3）中，若該指數大於 1，則表示全要素生產率較上一期有所提升；若該指數小於 1，則表示全要素生產率較上一期有所下降。現將本書計算行業全要素生產率時選用的變量指標做相關說明。投入產出變量的選擇，對於數據

包絡分析法的測算精確性十分關鍵，必須充分考慮投入產出在各行業發展中的作用。理論上，需要根據全部生產要素的投入和產出關係全面考察全要素生產率的情況，但由於實際中生產要素的種類過多且部分生產要素無法準確衡量和比較，本書在數據包絡分析法中主要考慮將勞動和資本作為生產要素的投入和將工業生產總值作為產出來對投入產出關係進行刻畫。這主要是考慮這些變量具有決定性和可比較性的特點，也可以反應各生產要素綜合作用的結果。同時，本書將製造業各行業作為決策單元進行全要素生產率研究，仍然依據了經濟增長理論中的生產函數，其主要投入要素包括勞動和資本。因此，本書在對實際數據的可得性和恰當性進行甄別的基礎上，對相應數據進行收集和整理。

關於勞動投入指標的選擇，目前存在多種選擇方法，主要分為對勞動人數和勞動收入兩類指標的判斷。本書認為，由於勞動收入包括工資收入和工資外收入，而通常難以獲得後者的準確數據，且由於中國目前沒有完全形成同工同酬的勞資關係，勞動收入也受到勞動種類和勞動質量等多種因素的干擾，因此勞動收入無法準確衡量行業的勞動投入情況。相比之下，本書選用勞動人數來代表勞動的投入，各行業的從業人員數反應一定時期內行業對勞動力資源的使用情況，是反應勞動投入的較好指標。

關於資本投入指標的選擇，目前學術界也存在多種衡量方法，主要包括根據永續盤存法對資本存量進行的估算以及根據固定資產淨值年平均餘額和流動資產年平均餘額對資本投入進行的衡量。本書認為，根據部分學者的研究，採用永續盤存法對資本存量進行的估算在很大程度上受到主觀折舊率的影響，不同的折舊率對資本投入的估算結果將產生較大影響。同時，由於本書採用的數據包絡分析法下的 Mamlquist 指數法是對相對全要素生產率的核算分析方法，研究對象的一致性不會使結果產生較大的偏差。根據涂正革（2006）和李小平（2008）等學者的研究，採用固定資產淨值年平均餘額對資本投入進行衡量的結果具有較高的可信度。因此，本書採用固定資產淨值年平均餘額和流動資產年平均餘額作為資本投入的衡量指標。

關於產出指標的選擇，文獻中對工業總產值、工業增加值、產品銷售收入以及利潤總額等指標都有所涉及。本書認為，工業總產值是較為合理的指標選擇。第一，在西方學者的研究中，多數學者通過研究認為總產出反應的資源配置功能與全要素生產率契合度較高，因此採用總產出作為產出指標對全要素生產率進行的研究較多。在概念上，工業總產值與總產出最為接近。第二，本書認為其餘指標在刻畫產出上存在缺陷。其中，工業增加值在反應資源配置和規模上與全要素生產率存在一定偏差，而產品銷售收入和利潤總額由於容易受到

外部經濟因素的影響，無法準確反應各種生產要素的貢獻。因此，本書採用28個行業的工業總產值作為產出指標對全要素生產率進行衡量。同時，考慮到價格因素對資本投入和產出的影響，本書採用固定資產投資價格指數和工業品出廠價格指數對資本投入和產出進行平減計算。以上數據中，勞動投入、資本投入和產出數據來自《中國統計年鑒》和《中國工業經濟統計年鑒》，固定資產投資價格指數和工業品出廠價格指數來自《中國統計年鑒》和國研網相關價格統計數據庫。本書運用 DEAP 2.1 軟件對中國28個行業全要素生產率的 Malmquist 指數進行相應的測算，時間跨度為 2001—2011 年。

基於 DEA-Malmquist 指數方法計算的 2001—2011 年中國 28 個製造業行業的全要素生產率變化情況如表 6.2 所示。通過計算發現，總體上中國 28 個製造行業的 Malmquist 指數在 2001—2001 年均大於 1，說明中國所有製造業的全要素生產率都有所提高，其中黑色金屬冶煉及壓延加工業、有色金屬冶煉及壓延加工業和石油加工及煉焦業的 Malmquist 指數均值較大，表明這三個行業的全要素生產率提升較快。而服裝及其他纖維製品製造業、文教體育用品製造業和皮革、毛皮、羽絨及其製品業的 Malmquist 指數均值較小，表明這三個行業的全要素生產率提升較慢。在 28 個行業中，食品製造業、醫藥製造業以及交通運輸設備製造業等 16 個行業的全要素生產率出現了持續的提升，其餘 12 個行業的全要素生產率在個別年份較前一年出現了小幅的下降。

表 6.2　　中國製造業分行業全要素生產率 Malmquist 指數統計

行業	Malmquist 指數 均值	中間值	標準差
食品加工業	1.339	1.172	0.685
食品製造業	1.304	1.134	0.598
飲料製造業	1.278	1.112	0.546
菸草加工業	1.300	1.098	0.595
紡織業	1.255	1.103	0.496
服裝及其他纖維製品製造業	1.110	1.056	0.188
皮革、毛皮、羽絨及其製品業	1.142	1.089	0.256
木材加工及竹、藤、棕、草製品業	1.433	1.131	0.919
家具製造業	1.217	1.106	0.407
造紙及紙製品業	1.238	1.117	0.454
印刷業、記錄媒介的複製業	1.298	1.148	0.589

表6.2(續)

行業	Malmquist 指數		
	均值	中間值	標準差
文教體育用品製造業	1.129	1.065	0.225
石油加工及煉焦業	1.437	1.131	0.922
化學原料及化學製品製造業	1.345	1.129	0.702
醫藥製造業	1.267	1.103	0.520
化學纖維製造業	1.311	1.162	0.614
橡膠製品業	1.272	1.089	0.530
塑料製品業	1.297	1.135	0.590
非金屬礦物製造業	1.345	1.147	0.704
黑色金屬冶煉及壓延加工業	1.494	1.144	1.019
有色金屬冶煉及壓延加工業	1.455	1.151	0.961
金屬製品業	1.236	1.137	0.449
普通機械製造業	1.330	1.162	0.659
專用設備製造業	1.240	1.18	0.460
交通運輸設備製造業	1.333	1.115	0.669
電氣機械及器材製造業	1.249	1.126	0.479
電子及通信設備製造業	1.183	1.083	0.338
儀器儀表及文化辦公用機械製造業	1.193	1.106	0.359

數據來源：根據《中國統計年鑒》《中國工業經濟統計年鑒》《中國統計年鑒》和國務院發展研究中心信息網價格統計數據庫的相關數據測算而得。

從行業分佈來看，總體上全要素生產率增長較快的行業主要包括黑色金屬冶煉及壓延加工業、有色金屬冶煉及壓延加工業和石油加工及煉焦業等重工業部門，相比之下大部分輕工業和競爭性較大的生產部門的全要素生產率增長較慢。這在一定程度上說明國有經濟和壟斷競爭優勢容易形成對全要素生產率的促進作用，而大部分輕工業和競爭性較大的部門由於技術含量較低和生產的分散性，全要素生產率提升較慢。

6.3 匯率變動對生產率影響的機制分析

下面，本書對匯率變動對生產率的影響機制做相關說明。本書認為，在行

業層面上，與匯率變動對產業結構升級的影響相同的是，匯率仍然能夠通過國際貿易和外商直接投資兩條渠道對行業的生產率產生影響。

在國際貿易方面，當勞動充裕型的發展中國家出現貨幣升值時，有利於該國對資本品的進口，無論該國進口的是最終資本品還是中間資本品，都有利於該國完成資本的累積和深化。具體到參加國際貿易的企業來說，本國匯率的變動將影響到企業生產產品的價格和進口中間品的成本，從而對企業能夠獲得的利潤產生影響。當本國貨幣出現升值時，由於出口受到不同程度的影響，大多數研究表明企業將加大對資本設備的進口以保持企業的利潤。而根據經典的新古典增長模型，資本的累積和深化將通過提高企業的資本勞動比進一步提高企業的生產率。同時，匯率變動也將通過技術進步對本國的生產率產生影響。當本國貨幣出現升值時，技術創新、技術學習和技術外溢都對本國生產率的提升產生正向影響。在技術創新上，本國貨幣升值將提升國外產品在本國市場的競爭力，從而加速了進入退出機制下企業間的創造性破壞效應，而創造性破壞效應將使得本國企業面臨更大的競爭壓力，低效率企業將被迫退出市場，生存下來的企業將通過技術創新實現技術進步，從而實現生產率的提升，這將是企業生產率提高最重要的源泉。進口產品給本國市場帶來的消費習慣和消費觀念等變化，也將對本國市場產生影響，促使本國企業根據市場需求提高生產率。在技術學習上，外國先進產品的進入可以使得本國企業在主動模仿學習中實現技術的進步，包括對產品生產技術、生產工藝的學習，從而有助於企業生產率的提高。在技術外溢上，外國產品的進入將促進本國企業勞動者對新技術和新工藝的認知，其中包含了外國產品隱含的技術外溢成分，而生產資本的進口本身通過技術外溢提高了本國的技術累積，從而促進了本國生產率的提高。此外，許多研究表明，本幣的升值將引起企業間的兼併重組，被淘汰的企業讓渡的國內外市場將使得生存企業和新進入企業的市場規模擴大，有利於實現生產的規模效應，進而有助於企業成本的降低和生產率的提高。

在外商直接投資方面，依然存在匯率通過資本形成和技術進步產生的對生產率的提升作用。在資本形成上，當東道國貨幣升值時，外商直接投資並不會輕易轉移其在東道國的投資，而是通過轉型升級提高自身的利潤水準。對於以中國為代表的一部分發展中國家來說，在前期通過人為壓低匯率實現了出口的持續增長和「雙缺口」得到彌補的情況下，匯率升值將使得外商直接投資企業失去利用廉價勞動力資源的比較優勢，從而使得外商直接投資企業擁有較強的動力通過提高生產率促進產品的更新換代以保持較高的利潤水準。在技術進步上，東道國主要通過外商直接投資企業由技術溢出產生的競爭效應和示範效

應獲得。一方面，高水準的外商直接投資企業進入東道國後，將對東道國國內的市場格局產生影響，市場競爭日趨激烈。在此情況下，將迫使東道國企業優化資源配置提高生產率以應對外部衝擊的影響。另一方面，外商直接投資企業將會通過示範效應為東道國帶來明顯的技術溢出，主要包括生產、管理以及協調能力方面的影響，從而使得東道國企業通過模仿和學習獲得技術進步和生產率的提升。需要指出的是，外商直接投資企業的技術溢出效應在東道國貨幣升值時將表現得更加明顯，因為由貨幣貶值而進入東道國的外資企業通常不需要具備較高的技術水準，而利用東道國廉價的生產要素即可實現較高的利潤。當東道國的貨幣出現升值時，只有具備較高技術水準的外資企業才能夠繼續獲得較高的利潤，從而促使外商直接投資企業加大研發力度，促進自身生產率水準的提高。因此，對東道國企業有更大的技術溢出效應。

除國際貿易和外商直接投資兩條主要渠道外，匯率變動也將通過人力資本和新技術轉換成本的變化影響一國的生產率水準。部分學者通過研究認為，由於實際匯率的貶值將造成高水準勞動者實際工資水準的下降，因此以高水準勞動者為主的貿易部門將在實際匯率下降時出現人員的流失，從而對生產率產生不利影響。同時，東道國貨幣升值在產生競爭效應時，將降低企業採用新技術的轉換成本，從而有助於促進企業生產率的提高。

6.4 人民幣匯率變動對中國全要素生產率影響的實證分析

6.4.1 模型設定及數據說明

結合上述機制分析，並根據文獻的閱讀和本書的研究目的，本書將計量方程設定如下：

$$\ln tfp_{it} = \alpha_0 + \alpha_1 \ln reer_{it} + \alpha_2 \ln rd_{it} + \alpha_3 \ln num_{it} + \alpha_4 \ln alr_{it} + \alpha_5 \ln gar_{it} + \alpha_6 \ln far_{it} + \alpha_7 \ln klr_{it} + \varepsilon_{it} \quad (6.4)$$

式（6.4）中，$\ln tfp$ 作為被解釋變量，是前述根據 Malmquist 指數測算的全要素生產率情況；$\ln reer$ 表示 28 個行業的基於增加值的人民幣實際有效匯率，在這裡根據前期各行業基於增加值的人民幣實際有效匯率的測算方法由人民幣年度平均匯率進一步計算而得，數據來源於 WIOD 數據庫；$\ln rd$ 表示各行業的科技水準，以研發支出占本行業銷售收入的比重表示，數據來源於《中國科技統計年鑒》；$\ln num$ 表示行業的市場競爭狀況，以行業中企業數量的倒數進行衡量，數據來源於《中國統計年鑒》；$\ln alr$ 表示行業的資產負債比率，

用以衡量行業中企業的財務狀況,數據來源於《中國工業經濟統計年鑒》;lngar 表示行業中國有資本的比重,用以衡量衡量政府在行業中的參與情況,數據來源於《中國統計年鑒》;lnfar 表示行業中外商資本的比重,用以衡量外商在行業中的參與情況,數據來源於《中國統計年鑒》;lnklr 表示行業的資本—勞動比率,以規模以上工業企業的固定資產淨值年平均餘額與行業中全部從業人員年平均人數表示,數據來源於《中國工業經濟統計年鑒》。在此,為克服匯率和其他解釋變量與全要素生產率可能產生的內生性問題,本書對所有解釋變量進行滯後一期的處理,數據年度為 2000—2010 年。

需要說明的是,由於中國 28 個行業的全要素生產率 Malmquist 指數是根據中國製造業數據匯總整理並計算而得,依據了中國製造業的行業分類標準;而世界投入產出表中的行業分類較寬,主要依據國際標準產業分類進行統計,從而出現了中國製造業的分行業數據與世界投入產出表中的行業分類數據無法直接對應的問題。對此,本書主要通過對中國國民經濟行業分類(GB/T4754—2002)與國際標準產業分類(ISICRev. 3)的轉換,以及世界投入產出表行業分類與國際標準產業分類的比較和整理,使得中國製造業的行業分類與世界投入產出表的行業分類相匹配,相應的匹配結果如表 6.3 所示。

具體而言,中國 GB/T4754—2002 中的行業分類和世界投入產出表的行業分類對應如下:中國食品加工業、食品製造業、飲料製造業與世界投入產出表的食品、飲料和菸草業相對應;中國紡織業、服裝及其他纖維製品製造業與世界投入產出表的紡織材料和紡織製品業相對應;中國皮革、毛皮、羽絨及其製品業與世界投入產出表的皮革、皮革製品和鞋業相對應;中國木材加工及竹、藤、棕、草製品業與世界投入產出表的木材、木材製品業相對應;中國造紙及紙製品業、印刷業、記錄媒介的複製業與世界投入產出表的紙漿、紙、紙張、印刷和出版業相對應;中國石油加工及煉焦業與世界投入產出表的石油加工、煉焦及核燃料加工業相對應;中國化學原料及化學製品製造業、醫藥製造業、化學纖維製造業與世界投入產出表的化學品和化工產品製造業相對應;中國橡膠製品業、塑料製品業與世界投入產出表的橡膠和塑料製品業相對應;中國非金屬礦物製造業與世界投入產出表的其他非金屬礦物製品業相對應;中國黑色金屬冶煉及壓延加工業、有色金屬冶煉及壓延加工業、金屬製品業與世界投入產出表的基本金屬及金屬製品業相對應;中國通用設備製造業和專用設備製造業與世界投入產出表的機械設備業相對應;中國交通運輸設備製造業與世界投入產出表的運輸設備業相對應;中國電氣機械及器材製造業、電子及通信設備製造業、儀器儀表及文化辦公用機械製造業與世界投入產出表的電氣和光學設

備製造業相對應；中國家具製造業、文教體育用品製造業與世界投入產出表的其他製造業相對應。

表 6.3　中國製造業行業分類與世界投入產出表中行業分類的對應關係

編號	中國製造業行業分類	編號	世界投入產出表行業分類
13	食品加工業	C3	食品、飲料和菸草業
14	食品製造業		
15	飲料製造業		
16	菸草加工業		
17	紡織業	C4	紡織材料和紡織製品業
18	服裝及其他纖維製品製造業		
19	皮革、毛皮、羽絨及其製品業	C5	皮革、皮革製品和鞋業
20	木材加工及竹、藤、棕、草製品業	C6	木材、木材製品業
22	造紙及紙製品業	C7	紙漿、紙、紙張、印刷和出版業
23	印刷業、記錄媒介的複製業		
25	石油加工及煉焦業	C8	石油加工、煉焦及核燃料加工業
26	化學原料及化學製品製造業	C9	化學品和化工產品製造業
27	醫藥製造業		
28	化學纖維製造業		
29	橡膠製品業	C10	橡膠和塑料製品業
30	塑料製品業		
31	非金屬礦物製造業	C11	其他非金屬礦物製品業
32	黑色金屬冶煉及壓延加工業	C12	基本金屬及金屬製品業
33	有色金屬冶煉及壓延加工業		
34	金屬製品業		
35	通用設備製造業	C13	機械設備業
36	專用設備製造業		
37	交通運輸設備製造業	C15	運輸設備業
39	電氣機械及器材製造業	C14	電氣和光學設備製造業
40	電子及通信設備製造業		
41	儀器儀表及文化辦公用機械製造業		
21	家具製造業	C16	其他製造業
24	文教體育用品製造業		

資料來源：根據相關分類標準整理而得。

6.4.2 樣本估計結果及經濟學解釋

根據計量模型的設計，相關變量的具體描述統計情況見表 6.4。

表 6.4　　　　　　　　　各變量描述統計

變量	均值	標準差	最小值	最大值
lntfp	0.193,7	0.298,3	−0.342,4	1.481,6
ln$reer$	−0.980,7	0.679,8	−2.592,1	−0.151,4
lnrd	−0.179,0	0.750,4	−2.302,6	1.223,8
lnnum	−8.732,8	1.059,6	−10.589,1	−5.010,6
lnalr	−0.567,4	0.138,7	−1.446,9	−0.323,9
lngar	−2.262,0	1.098,9	−6.442,1	−0.049,7
lnfar	−1.936 1	1.156,4	−10.699,8	−0.708,7
lnklr	2.254,3	0.721,6	0.766,6	4.172,2

在前述模型建立的基礎上，本書將通過面板數據對相關問題進行迴歸分析和說明。通常，面板數據迴歸主要通過普通最小二乘法（OLS）和廣義矩估計（GMM）等方法進行。在 OLS 迴歸方面，根據經驗研究，當研究樣本局限於一些特定的個體時，主要通過固定效應進行迴歸分析，由於本節針對的是中國製造業 28 個行業的全要素生產率問題，故採用固定效應模型較為合理。同時，本書認為，由於巴拉薩-薩繆爾森效應的存在，匯率在對全要素生產率產生影響的同時，全要素生產率或技術進步也將對匯率產生反向影響。因此，在模型的 OLS 迴歸分析中可能存在變量的內生性問題。為此，本書將在 OLS 迴歸的基礎上，進一步運用系統 GMM 迴歸方法，分析人民幣匯率變動對全要素生產率的影響，從而能夠較好地避免內生性問題的產生。模型的 OLS 初步迴歸結果見表 6.5 所示。

由表 6.5 可知，在三個迴歸中，F 統計量均在 1% 的水準上通過了顯著性檢驗，表明模型反應的變量關係成立。由於 OLS 迴歸可能使模型出現內生性問題，在這裡僅對核心變量的符號方向進行大體瞭解，之後通過系統 GMM 的迴歸將對各變量的系數大小和顯著性水準進行詳細說明。本節仍以直接標價法表示人民幣的匯率水準，因此，在 OLS 迴歸中，匯率變量在三組迴歸中的系數均為負，表明人民幣升值將有助於中國全要素生產率的提升。

表 6.5　　　　　　　全樣本和分組 OLS 固定效應估計結果

	總體樣本（1）	高比率組（2）	低比率組（3）
ln*reer*	−1.105***	−1.217***	−1.031***
	(0.174)	(0.191)	(0.262)
ln*rd*	0.071,5	0.121*	−0.019,4
	(0.050,1)	(0.061,1)	(0.075,8)
ln*num*	0.153*	0.225	0.184*
	(0.087,9)	(0.161)	(0.099,9)
ln*alr*	0.292	0.761	−0.340
	(0.286)	(0.537)	(0.450)
ln*gar*	−0.062,0	−0.170	−0.043,5
	(0.037,4)	(0.162)	(0.028,9)
ln*far*	−0.064,0	−0.050,7	−0.461***
	(0.058,7)	(0.046,9)	(0.102)
ln*klr*	0.415***	0.415**	0.440***
	(0.109)	(0.164)	(0.128)
Constant	−0.574	−0.256	−1.030
	(0.650)	(1.395)	(0.646)
R^2	0.273	0.288	0.328
F 統計量	82.77***	471.20***	44.37***
觀測值	308	99	209
組數	28	9	19

註：***、**和*分別表示在1%、5%和10%的顯著性水準下顯著；括號內為對應迴歸係數的穩健標準差。

接下來，我們在表6.6中重點觀察系統 GMM 估計中各變量對全要素生產率的影響方向和影響程度。總體樣本（4）是對中國28個行業總體的迴歸結果，高比率組（5）和低比率組（6）是分別對中國資本-勞動比率較高的行業和資本-勞動比率較低的行業的迴歸結果，可從中進一步觀察匯率對資本-勞動比率不同的行業的影響是否存在差異。此處，行業資本-勞動比率高低的劃分是通過將各行業的資本-勞動比率與所有行業的平均資本-勞動比率進行比較而得。（4）~（6）的迴歸方程中，對擾動項差分一階自相關和二階自相關的檢驗表明，其一階差分具有高度的相關性，而二階差分不相關，因此，其對系統 GMM 的估計具有一致性。同時，Hansen 檢驗的 p 值均超過了顯著性水

準，表明工具變量的選擇較為合理。在迴歸估計中，系統 GMM 的估計結果與 OLS 迴歸相比，除了市場競爭程度的系數外，其他系數的符號基本相同，說明系統 GMM 估計結果有較強的穩健性。

表 6.6　　　　　　　　全樣本和分組 GMM 估計結果

	總體樣本（4）	高比率組（5）	低比率組（6）
L.ln*tfp*	0.453*	0.051,1	1.188***
	(0.264)	(0.205)	(0.362)
ln*reer*	−0.378**	−0.186	−0.286***
	(0.148)	(0.129)	(0.076,0)
ln*rd*	0.205***	0.111***	0.260***
	(0.054,5)	(0.038,9)	(0.068,8)
ln*num*	−0.023,0	−0.084,4	0.016,5
	(0.038,9)	(0.060,0)	(0.042,2)
ln*alr*	0.914**	0.799	−0.228
	(0.452)	(0.708)	(0.469)
ln*gar*	−0.195***	−0.213**	−0.208***
	(0.052,2)	(0.092,3)	(0.066,7)
ln*far*	−0.103	−0.127	−0.282***
	(0.078,2)	(0.108)	(0.104)
ln*klr*	0.224***	0.230	0.139**
	(0.058,3)	(0.183)	(0.068,8)
Constant	−1.018***	−1.467***	−1.431***
	(0.376)	(0.506)	(0.405)
AR（1）檢驗 p 值	0.000	0.022	0.000
AR（2）檢驗 p 值	0.321	0.865	0.412
Hansen 檢驗 p 值	0.142	1.000	0.625
觀測值	280	90	190
組數	28	9	19

註：***、**和*分別表示在1%、5%和10%的顯著性水準下顯著；括號內為對應迴歸係數的穩健標準差。

其中，總體樣本迴歸中人民幣匯率的系數顯著為負，表明人民幣升值將顯著提高中國的全要素生產率水準。如前文所述，人民幣升值將通過國際貿易途

徑和外商直接投資途徑實現資本的形成和技術進步，從而促進中國全要素生產率水準的提升。而人民幣升值對中國資本-勞動比率不同的行業的全要素生產率提升產生了差異化的影響。從表 6.6 中可以看出，當人民幣升值時，資本-勞動比率較高的行業的全要素生產率沒有出現顯著的提升，而資本-勞動比率較低行業的全要素生產率卻顯著上升。人民幣升值 1%，將使得資本-勞動比率較低行業的全要素生產率上升 1.188%。對此，徐濤等（2013）認為，由於資本-勞動比率較高的行業的資本和勞動力具有較強的專用性，因技術進步引起的機器設備的折舊率也較高，因此存在較高的資本調整成本。而在資本-勞動比率較低的行業中，其勞動的技術水準相對較低，技術進步對這些行業引起的資本調整成本也相對較小。當人民幣出現升值時，資本進口價格的降低和市場競爭的加劇應促使企業加強技術資本投資，實現技術進步。然而，資本-勞動比率較高的行業在技術資本投資中，由於需要付出大量的資本調整成本，從而造成其投資動力不足，導致其技術進步或全要素生產率的提升並不明顯。

在其餘變量對全要素生產率的影響中，行業科研投入的增加對全要素生產率的促進作用是顯而易見的，對於全行業、資本勞動比較高的行業和資本勞動比較低的行業都能夠產生明顯的正向影響，也證明了科技研發是提升全要素生產率的重要途徑。市場競爭程度對全要素生產率並沒有起到明顯的促進或抑製作用，說明企業提升全要素生產率的動機受市場競爭影響相對較小。資產負債比的提升對全行業全要素生產率的提升有正向的促進作用，在一定程度上表明企業所有者相對於債權人來說對企業的全要素生產率提升具有更加明確的要求。國有資本比重對於全要素生產率的影響為負，表明國有企業目前還無法代表技術進步的方向，仍然需要加強改革以實現生產方式的轉型。外商資本比重對中國資本-勞動比率較低的行業有明顯的負向影響，表明外商投資企業仍然在利用這類企業豐富的勞動力資源，而沒有為這類企業全要素生產率的提升做出明顯貢獻，中國在招商引資時也要加強對這類外資的調整。資本-勞動比率的提升對於中國總體製造業和資本-勞動比率較低的製造業行業全要素生產率的提升具有明顯的促進作用，表明資本對勞動的替代仍是提升中國製造業全要素生產率的有效途徑。

6.5 本章小結

產業升級需要通過提升生產效率和生產要素的配置效率,實現全要素生產率的提升。由於全要素生產率的不同在很大程度上導致了增加值的不同,全要素生產率較高的國家或產業能夠以較低的成本實現較高的利潤,從而實現產品的升級換代,並使整個產業在價值鏈的地位得以提升,因此,全要素生產率的提升也是中國在垂直專業化分工中價值鏈提升的重要內容和主要表現形式。本章所得的主要結論如下:

第一,通過數據包絡分析法下對全要素生產率 Malmquist 指數的計算發現,總體上中國 28 個製造行業的 Malmquist 指數在 2001—2001 年均大於 1,說明中國所有製造業的全要素生產率都有所提高。其中黑色金屬冶煉及壓延加工業、有色金屬冶煉及壓延加工業和石油加工及煉焦業的全要素生產率提升較快;而服裝及其他纖維製品製造業、文教體育用品製造業和皮革、毛皮、羽絨及其製品業的全要素生產率提升較慢。在 28 個行業中,食品製造業、醫藥製造業以及交通運輸設備製造業等 16 個行業的全要素生產率出現了持續的提升,其餘 12 個行業的全要素生產率在個別年份較前一年出現了小幅的下降。

第二,總體上人民幣升值對中國製造業全要素生產率的提升具有顯著的正向影響,而對中國資本-勞動比率不同的行業的全要素生產率提升產生了差異化的影響。其中,對資本-勞動比率較高的行業而言,由於其資本調整成本較高,人民幣升值對其全要素生產率的促進作用不顯著。相比之下,人民幣適度升值對資本-勞動比率較低的行業的全要素生產率提升具有明顯的推動作用。

7 結論及政策建議

7.1 主要結論

在經濟全球化發展不斷深化的背景下，中國如何尋求產業結構升級和實現更高的價值創造以實現產業升級的重要性不言而喻。同時，隨著人民幣匯率波動範圍的逐漸加大，匯率升值給產業升級帶來的影響不容小覷。本書首先在垂直專業化的框架下，以世界投入產出表為支撐，對基於增加值的人民幣的實際有效匯率進行了較為全面的測度和分析，並分別探討了中國產業發展在三次產業和出口增加值中的實際狀況，在此基礎上從產業結構升級和全要素生產率提升的角度研究了人民幣匯率變動對中國產業升級的影響，得出了較為豐富的結論：

（1）實際有效匯率的構建涉及貿易流的確定、貨幣籃子的選擇、競爭力權重的確定和平減指數的選擇等要素。在這些方面，傳統實際有效匯率的構建與基於增加值的實際有效匯率的構建存在較大差別。在當前全球價值鏈的發展中，忽略垂直專業化分工條件下各國基於生產的增加值進行的貿易對其實際貿易額的影響，將使各貿易夥伴國的權重出現偏差。因此本書認為應以各國的實際增加值為基礎對各國的實際有效匯率進行新的核算。通過構建世界投入產出框架下的人民幣實際有效匯率核算體系，本書發現與傳統實際有效匯率相比，中國在基於增加值的人民幣實際有效匯率中具有與之基本相同的重要貿易夥伴，但各夥伴國的權重出現差異。同時，無論在總體層面還是分行業層面，基於增加值的人民幣實際有效匯率具有明顯的更高的升值趨勢，而不同行業基於增加值的人民幣實際有效匯率的升值幅度差異較大。

（2）本書從三次產業結構和出口增加值兩方面對中國的產業發展狀況進行了分析。改革開放以來，中國三次產業結構發生了較大變化，第一產業的比

重迅速下降，第三產業的比重迅速上升，第二產業的比重相對穩定。同時，工業內部結構也逐漸調整，重工業與輕工業的發展差距逐漸拉大。在地區間，三次產業結構和工業結構的差異明顯，為我們研究產業結構升級提供了有利的環境。通過對中國產業出口情況的分析可以發現，中國的出口增加值總額和國內增加值都表現出規模不斷擴張的趨勢，但出口的國內增加值率表現出「下降、上升、下降」的趨勢，總體上中國出口中國內生產的增加值比重明顯減少。2011年中國大約1/4的出口商品實際來源於國外進口商品。僅從製造業來看，中國製造業出口增加值總額和國內增加值也表現出規模不斷擴張的趨勢，但國內增加值率也表現出「下降、上升、下降」的趨勢，長期來看中國製造業出口中國內生產的增加值比重也明顯減少，且低於同期中國總體出口的國內增加值率。從33個行業的情況來看，中國農林牧漁業和採掘業的出口國內增加值明顯增加，出口國內增加值率整體出現下降。中國製造業的出口國內增加值的變動在行業間差別較大，總體來看裝備製造業的出口國內增加值增幅較大，而輕工業的出口國內增加值增幅較小，同時製造行業的出口國內增加值率出現了不同程度和方向的變化。其餘第二產業也出現出口國內增加值上升而出口國內增加值率下降的情況。中國服務業呈現出口國內增加值大幅提升，出口國內增加值率呈現「下降、上升」的趨勢，各行業的出口增加值和出口增加值率變化差異明顯。總體來看，中國各行業的出口增加值顯著增加，但出口國內增加值率趨勢不一且大部分行業的出口國內增加值率整體呈現下降趨勢，中國製造業的出口國內增加值顯著高於服務業，而出口國內增加值率卻明顯低於服務業。隨著中國貿易開放度的提高，中國資本、技術密集型製造業的出口產品中越來越多的使用了進口中間品，中國的出口國內增加值多集中於傳統勞動密集型行業，並且隨著服務業的逐步開放，中國的服務行業，特別是生產性服務業中也將更多的包含國外增加值成分。

（3）對中國出口的全球價值鏈地位分析表明，2000—2011年整體上中國的全球價值鏈地位指數始終為負，基本呈現「下降、上升、下降」的趨勢，中國間接增加值出口占總出口的比重始終低於國外增加值占總出口的比重，這一狀況雖在部分時間段內得到改善，但並未得到根本改變。與總體全球價值鏈地位指數相比，中國製造業的全球價值鏈地位指數相對較高，排名也相對靠前。2000—2011年中國的製造業全球價值鏈地位指數整體上呈現「下降、上升」的趨勢，表明中國製造業間接增加值出口占總出口的比重從低於國外增加值占總出口的比重開始向高於國外增加值占總出口的比重轉變，雖然在此期間出現了短期惡化，但考察期末中國的製造業全球價值鏈地位已優於期初水

準。從時間趨勢來看，俄羅斯、日本、巴西、印度尼西亞和羅馬尼亞的製造業全球價值鏈地位指數大體呈現上升的趨勢，美國、芬蘭和印度的製造業全球價值鏈地位指數大體呈現下降的趨勢，澳大利亞、英國和義大利的製造業全球價值鏈地位指數出現了較大幅度的波動，中國的製造業全球價值鏈地位指數呈現「下降、上升」的「U型」趨勢。應該看到，中國與部分傳統發達國家和部分發展中國家的價值鏈地位差距明顯。同時，本書認為中國的全球價值鏈地位指數出現上述特徵，與中國的資源稟賦和在工業化進程中採取的貿易政策以及即時的國際經濟環境有很大關係。

（4）產業結構升級涵蓋產業結構合理化和產業結構高級化等兩個方面。從合理化方面來看，在全國範圍內，各省份的泰爾指數差異明顯。北京、上海和天津的泰爾指數較低，三地產業結構的合理化水準位居全國前列；貴州、甘肅、寧夏三省份的泰爾指數較高，三省份的產業結構合理化程度較低。從變化趨勢來看，多數省份的泰爾指數呈現下降的趨勢，多數地區內的產業結構合理化水準的變化趨勢大體相同，且中國不同地區內部省份的產業結構合理化水準具有明顯的集聚分佈現象。從高級化方面來看，北京市的產業結構高級化水準與其餘地區相比具有明顯的優勢，四川省、河南省、山西省、天津市、廣東省和江蘇省的後期增長空間較大。通過 Moran's I 指數的計算，我們發現中國產業結構合理化確實具有明顯的空間集聚現象，但中國的產業結構高級化並未形成明顯的空間集聚現象。然而，通過迴歸分析發現，人民幣升值對於中國產業結構合理化和產業結構高級化具有不同的影響。其中，通過空間計量模型的迴歸發現，無論在總體層面、分地區層面還是分時段層面上，人民幣升值都不利於中國產業結構向合理化的方向發展，但東部地區的產業結構合理化受人民幣升值的影響較小，匯改後人民幣升值對中國產業結構合理化的不利影響也有所減弱。同時，無論在總體層面、分地區層面還是分時段層面上，人民幣升值對中國的產業結構高級化都產生了有利的影響，中西部地區的產業結構高級化受人民幣升值的益處更大，匯改後人民幣升值對中國產業結構高級化的有利影響也進一步增強。

（5）通過數據包絡分析法下對全要素生產率 Malmquist 指數的計算發現，總體上中國 28 個製造行業的全要素生產率在 2001—2011 年都出現上升趨勢。其中黑色金屬冶煉及壓延加工業、有色金屬冶煉及壓延加工業和石油加工及煉焦業的全要素生產率提升較快，而服裝及其他纖維製品製造業、文教體育用品製造業和皮革、毛皮、羽絨及其製品業的全要素生產率提升較慢。在 28 個行業中，有 16 個行業的全要素生產率出現了持續的提升，其餘 12 個行業的生產

率在個別年份較前一年出現了小幅的下降。總體上,人民幣升值對中國製造業全要素生產率的提高具有顯著的影響,而對中國資本-勞動比率不同的行業的全要素生產率提升產生了差異化的影響。其中,對資本-勞動比率較高的行業而言,由於其資本調整成本較高,人民幣升值對其全要素生產率的促進作用不顯著。相比之下,人民幣適度升值對資本-勞動比率較低的行業的全要素生產率提高具有明顯的推動作用。

7.2　政策建議

本書通過對基於增加值的人民幣實際有效匯率的研究和對中國產業升級的研究,系統分析了人民幣匯率變動對中國產業升級的影響,從產業結構升級和全要素生產率的提高兩個角度對人民幣升值對中國產業升級產生的影響進行了探討。從總體影響效果來看,尤其是相應的實證分析表明,人民幣升值將促進中國的產業結構高級化發展和全要素生產率的提高,但對中國的產業結構合理化將產生負面作用。同時,考慮到中國經濟的發展需要和經濟各方面的發展對匯率變動的承受程度,本書認為,應利用人民幣升值有利於中國產業結構向著高級化方向發展和總體上有利於中國全要素生產率提高的作用,使中國最大限度地擺脫當前的發展困境,但必須將人民幣的升值幅度控制在一定範圍內,防止其出現過度的快速升值,並做好相應的配套政策措施,使匯率政策和產業政策的配合不僅繼續對中國的產業結構高級化和全要素生產率的提升發揮積極作用,也對出現的中國產業結構合理化水準下降進行限制和補償。因此,本書將從匯率政策的制定和相應配套政策的制定實施兩方面提出相關的政策建議。

1. 在匯率政策的制定方面,根據本書研究,需要從基於增加值的人民幣實際有效匯率本身的構成要素出發,形成與中國產業升級相適應的匯率制度

第一,從人民幣實際有效匯率的構成要素來看,主要包括貿易流的確定、貨幣籃子的選擇、競爭力權重的確定和平減指數的選擇等方面,而在這些方面,基於增加值的實際有效匯率與傳統的實際有效匯率存在較大的差別。貿易流方面,傳統有效匯率主要關注中國與進出口國的貨物貿易發展情況,而往往忽視了服務貿易在中國與進出口國的貿易中對人民幣匯率應起的作用。隨著改革開放步伐的加快,中國的服務部門逐漸開放,更多的服務業,尤其是生產性服務業將更多地參與到貨物貿易的流通中,逐漸形成貨物、服務甚至投資一體化的格局。因此,中國在制定匯率政策時,需要將更多的服務貿易納入考慮範

圍內，從貨物貿易與服務貿易的總體角度分析中國貿易的對外競爭力。

在貨幣籃子的選擇和權重的確定上，合理的設計可以降低國際貨幣市場波動的衝擊，也可以使中國更加有針對性地進行匯率政策的制定。匯改前中國長期實施盯住美元的匯率制度，使得中國長期依靠人民幣匯率的低估促進出口的增長，長期來看這種方式是不可持續的。2005年7月實施匯改以來，中國逐漸形成了以市場供求為基礎、參考一籃子貨幣進行調節、有管理的浮動匯率制度。在這種方式下，貨幣籃子的選擇範圍逐漸放寬，有利於人民幣匯率的市場化改革。但在垂直專業化分工中，更需要從各國實際創造的價值增值在世界範圍內的流通中把握人民幣實際有效匯率中應涉及的貨幣種類，進而對各國在人民幣實際有效匯率中的權重也產生影響。從基於增加值的人民幣實際有效匯率的權重來看，與傳統實際有效匯率相比，總體上美國、歐元區等經濟體的權重地位明顯上升，而日本等經濟體的權重地位明顯下降，表明中國與其他國家和地區發生的貿易最終將指向美國和歐元區，美國和歐元區的最終需求在人民幣實際有效匯率的構建中發揮了最為重要的作用。因此，中國在制定匯率政策時應當著重觀察這些地區的貨幣和需求變動情況。

第二，對於匯率制度的選擇，本書認為應當在避免人民幣匯率大幅波動的前提下允許人民幣匯率適度升值。基於前文的研究，人民幣匯率的適度升值將有利於第三產業的發展和工業中高技術產業的發展，從而有利於產業結構高級化的發展。同時，人民幣匯率的適度升值將在總體上有利於企業全要素生產率的提升。但是，人民幣的大幅過度升值也將對中國的產業結構高級化和全要素生產率的提升造成負面影響。因此，必須合理把握人民幣的升值幅度和波動空間。一方面，從工業部門的發展來看，中國傳統勞動密集型產業仍然具有較大的發展優勢，而這種優勢在短期內難以較快實現向資本和技術密集型產業的轉移。如果人民幣出現大幅過度的升值，將對中國勞動密集型產業造成嚴重的打擊，而在中國資本技術密集型產業尚未成為支撐產業的情況下，將對中國的工業發展造成較大的負面影響。同時，雖然實證結果表明人民幣升值有利於產業結構高級化的發展，包括第三產業的比重和高技術產業比重的上升，但產業間的替代仍需要遵循應有的客觀規律，新興產業的發展將建立在傳統產業充分發展並失去優勢的基礎之上，而脫離現實基礎的貨幣升值將為各產業的發展造成嚴重後果。另一方面，雖然本書的實證研究表明人民幣匯率升值有助於行業全要素生產率的提高，但從企業的技術投資到回報仍需經歷一定的時間週期。人民幣的短期大幅升值將使企業在短期內面臨較大的利潤風險，企業將通過其他途徑規避人民幣升值造成的衝擊，從而不利於企業技術水準的提高。因此，必

須把握好人民幣升值的幅度，不宜放任人民幣的大幅升值。同時，由於人民幣升值對中國資本-勞動比率不同的行業的全要素生產率提升產生了差異化的影響，人民幣升值有利於資本-勞動比率較低行業的全要素生產率提升，但對資本-勞動比率較高的行業的全要素生產率提升沒有顯著影響。因此，中國在制定匯率政策時也需要考慮到不同行業對於人民幣升值的反應程度，盡量避免匯率變動對於製造業資本-勞動比率較高的行業造成的負面影響，也要為資本-勞動比率較低的行業利用人民幣升值實現全要素生產率的提升提供良好的政策環境。

2. 在配套政策的制定實施方面，需要對匯率在適度升值過程中產生的負面影響進行最大限度的消除，並制定與中國產業升級相適應的產業政策

第一，本書的實證檢驗表明了人民幣升值對中國產業結構合理化將產生負面影響。從而需要中國制定有效的產業政策，對中國產業結構合理化水準的下降進行限制和補償。改革開放以來，中國首先將精力集中在製造業的發展上，造成了對其他產業發展的忽視，使其他產業的生產率與製造業相比出現較大的差距。同時，根據本書的研究，21世紀以來，外商直接投資企業在中國的投資也主要集中於製造業領域，這種結構性偏斜也導致了中國產業結構的偏斜。改革開放以來，中國主要鼓勵外資企業將資金投入到中國的製造業當中，而對外資企業在第一產業和第三產業的投資進行了較為嚴格的限制，尤其是限制外資企業對中國郵政、金融、電信等行業的投資。外資企業的投資不均進一步加劇了中國產業結構合理化程度的下降。因此，中國目前在制定產業政策時，需要重點關注有利於第一產業和第三產業生產率提高的相關政策措施，比如通過稅收優惠、低息貸款和獎勵基金等多種方式鼓勵第一產業和第三產業的技術進步。同時，在制定引進外資的政策上，也需要放寬外商直接投資企業可以涉足的領域，使外商直接投資企業能夠為中國產業結構合理化的提升發揮積極的作用。

第二，在其他產業政策的制定方面，也可以通過與匯率政策的配合促進中國產業結構升級和全要素生產率的提升。比如，在國際貿易的開展中，中國可以利用人民幣升值的機會加大對國外先進資本品的進口。而行業資本-勞動比率的提升，不僅有利於產業結構的升級，也將對行業全要素生產率的提升產生顯著的積極影響。Chenery也曾指出，對於經濟後進的國家來說，進口的作用是不可替代的。在外商直接投資上，除了需要在制定引進外資的政策上放寬外商直接投資企業可以涉足的領域外，對外資企業的質量也是需要關注的重要方面。由於人民幣的升值使得外資企業單純利用中國廉價的勞動力出口所獲得的

利潤減少，因此有利於具有較高增加值的高技術外資的流入；而通過高技術外資的技術溢出效應和中國企業的模仿和學習效應，有利於促進中國知識和技術密集型行業的發展，從而實現產業結構向高級化方向的升級。因此，中國需要對現行的國際貿易政策和引資政策進行謹慎的考量，使其有利於中國產業結構高級化的實現。此外，改善居民的消費環境、改善社會的投融資效率以及改善企業的競爭環境等也是實現人民幣升值促進中國產業結構優化和全要素生產率提升需要完善的產業政策內容。

7.3 研究不足與研究展望

本書從長期以來產業發展的全球特徵和人民幣匯率變動的總體趨勢出發，通過構建世界投入產出框架下的人民幣實際有效匯率核算體系，對基於增加值的人民幣實際有效匯率進行了重新核算和評估。然後，本書對長期以來中國的產業結構和在垂直專業化分工中的情況進行了考察，並在以上研究的基礎上分別從人民幣匯率變動對產業結構升級的影響和對全要素生產率提升的影響兩方面進行實證研究，具體討論了人民幣匯率變動在中國產業升級中的影響機制和作用。隨著經濟全球化的不斷深入發展和國際貨幣體系的不斷改革，產業發展理論和匯率理論將不斷完善，匯率在經濟全球化發展中的角色也將更加重要，在數據資料不斷充實和研究方法不斷改進的趨勢下，有關匯率在推動產業全球佈局方面的研究將會進一步深入。在總結本書全部研究內容的基礎上，發現本書的研究不足以及可進一步研究的方向如下：

第一，本書認為傳統實際有效匯率在當今的垂直專業化分工中對實際有效匯率的測算將產生偏差，提出了 Bems 和 Johnson（2012）基於各國的實際增加值對實際有效匯率進行測算的方法。同時，本書根據 Saito（2013）的研究結果判斷了基於增加值的人民幣實際有效匯率與傳統人民幣實際有效匯率在國家權重上並無顯著差異。但是，本書在研究中也發現了在世界投入產出表的框架下研究匯率問題存在的不足，進而考慮傳統實際有效匯率在測算方面也有其主要優勢。由於世界投入產出表僅包括國家整體以及 35 個行業層面的數據，因此僅能直接計算出國家整體的實際有效匯率水準和 35 個行業的實際有效匯率水準。而在國家內部省際層面和中國製造業的分行業研究中，本書都對基於增加值的人民幣實際有效匯率進行了相應處理而使得數據能夠進行匹配，這也可能對相關數據的準確性造成了一定的影響。由於進出口貿易在中國省級層面和

中國製造業分行業層面均有相關的總體數據，從而能夠直接計算相關層面的傳統實際有效匯率。因此，兩種方法在計算人民幣實際有效匯率方面各有優勢和不足，文章應該進一步對兩種方法計算的人民幣實際有效匯率進行相應的對比研究。在後續研究中，希望能夠從多個不同的角度對兩種方法下的人民幣實際有效匯率進行比較分析，從而找出兩種方法可能產生差異的根本原因，這可為人民幣匯率問題的研究提供新的話題。

第二，由於本書對基於增加值的人民幣實際有效匯率在國家和行業中的研究屬於宏觀層面和中觀層面的研究，因此對於全要素生產率的考察也主要是在行業中觀層面上進行的。然而，目前對全要素生產率的研究已經深入企業的微觀層面，主要通過 OP 方法和 LP 方法對企業的全要素生產率進行研究，而目前在這方面進行的匯率與企業全要素生產率的研究仍然在基於企業的總體貿易流進行的傳統實際有效匯率的範疇內。本書認為這是研究需要與現實數據之間的一個矛盾。囿於數據獲取方面的限制，本書也未能進行此方面的研究。今後，在相關企業微觀數據可獲得的前提下，本書希望能從企業的視角出發，在借鑒目前學者研究成果的基礎上對基於增加值的實際有效匯率對全要素生產率的影響進行更加細化的研究，也可對不同類型的企業進行更深層次的比較研究。這將能夠為企業帶來更具現實意義的發現，也能夠為相關的政策制定提供更加具體的建議和幫助。

第三，本書對匯率變動對產業結構升級和全要素生產率的影響的研究尚可進一步深入。目前，本書對兩種影響的研究主要是通過文獻回顧對機制進行描述分析和對影響進行實證檢驗，而對兩種影響的更深層次研究有待完善。隨著國家間、行業內對增加值貿易統計水準的不斷提高，今後可以進一步探討基於增加值的人民幣實際有效匯率變動對產業升級的門檻效應，基於增加值的人民幣實際有效匯率變動對製造業的生產率與對服務業的生產率是否存在差異化影響，以及基於增加值的人民幣實際有效匯率變動對製造業和服務業發展的協同機制等問題。

參考文獻

[1] 巴曙松, 王群. 人民幣實際有效匯率對中國產業、就業結構影響的實證分析 [J]. 財經理論與實踐, 2009 (3): 2-7.

[2] 巴曙松, 吳博, 朱元倩. 關於實際有效匯率計算方法的比較與評述——兼論對人民幣實際有效匯率指數的構建 [J]. 管理世界, 2007 (5): 24-29.

[3] 曹垂龍. 論人民幣升值的中國產業升級效應: 現實與理論之悖論 [J]. 亞太經濟, 2009 (6): 84-88.

[4] 陳羽, 鄺國良.「產業升級」的理論內核及研究思路述評 [J]. 改革, 2009 (10): 85-89.

[5] 陳智君, 施建淮. 人民幣外部實際匯率的產業結構效應 [J]. 經濟理論與經濟管理, 2015 (7): 48-54.

[6] 休謨. 休謨經濟論文集 [M]. 北京: 商務印書館, 1997.

[7] 戴魁早. 中國工業結構的優化與升級: 1985—2010 [J]. 數理統計與管理, 2014 (2): 296-304.

[8] 杜金岷, 廖儉. 人民幣升值與廣東省產業結構優化研究 [J]. 暨南學報(哲學社會科學版), 2008 (5): 58-64.

[9] 樊福卓. 中國工業的結構變化與升級: 1985—2005 [J]. 統計研究, 2008 (7): 19-25.

[10] 樊茂清, 黃薇. 基於全球價值鏈分解的中國貿易產業結構演進研究 [J]. 世界經濟, 2014 (2): 50-70.

[11] 馮曉華, 張玉英. 人民幣匯率波動的福利效應——基於中國製造業面板數據的實證分析 [J]. 國際貿易問題, 2009 (9): 107-116.

[12] 干春暉, 鄭若谷, 餘典範. 中國產業結構變遷對經濟增長和波動的影響 [J]. 經濟研究, 2011 (5): 4-17.

[13] 干杏娣, 陳鋭. 人民幣升值、進出口貿易和中國產業結構升級 [J]. 世界經濟研究, 2014 (9): 16-22.

[14] 谷克鑒, 徐劍. 匯率變化與中國產業結構調整研究 [M]. 北京: 中國人民大學出版社, 2008.

[15] 胡長青. 黨的十六大後社會主義市場經濟體制改革及其理論發展評述 [J]. 經濟體制改革, 2014 (3): 17-20.

[16] 黃先軍, 曹家和. 產業結構調整的匯率驅動路徑: 價格穿越模型的解釋 [J]. 華東經濟管理, 2010 (7): 35-38.

[17] 黃先軍, 曹家和. 中國產業結構調整的匯率驅動模型及實證分析 [J]. 經濟問題, 2011 (4): 21-25.

[18] 錢納里, 塞爾昆. 發展的型式 1950—1970 年 [M]. 北京: 經濟科學出版社, 1988.

[19] 李賓, 曾志雄. 中國全要素生產率變動的再測算: 1978—2007 年 [J]. 數量經濟技術經濟研究, 2009 (3): 3-15.

[20] 李東坤, 鄧敏. 中國省際 OFDI、空間溢出與產業結構升級——基於空間面板杜賓模型的實證分析 [J]. 國際貿易問題, 2016 (1): 121-133.

[21] 李宏彬, 馬弘, 熊豔豔, 等. 人民幣匯率對企業進出口貿易的影響——來自中國企業的實證研究 [J]. 金融研究, 2011 (2): 1-16.

[22] 李金昌, 黃鶯. 工業結構變動率計算方法探討 [J]. 統計研究, 2011 (3): 86-89.

[23] 李利. 人民幣匯率變動對中國產業結構調整的影響研究 [D]. 長沙: 湖南大學, 2012.

[24] 李曉錦, 陳軍澤. 人民幣實際有效匯率分析 [J]. 國際金融研究, 1995 (12): 27-29.

[25] 李小平, 盧現祥, 朱鐘棣. 國際貿易、技術進步和中國工業行業的生產率增長 [J]. 經濟學 (季刊), 2008 (2): 549-564.

[26] 李亞新, 餘明. 關於人民幣實際有效匯率的測算與應用研究 [J]. 國際金融研究, 2002 (10): 62-67.

[27] 林桂軍, 何武. 中國裝備製造業在全球價值鏈的地位及升級趨勢 [J]. 國際貿易問題, 2015 (4): 3-16.

[28] 林桂軍, 何武. 全球價值鏈下中國裝備製造業的增長特徵 [J]. 國際貿易問題, 2015 (6): 3-24.

[29] 林毅夫, 蔡昉, 李周. 中國的奇跡: 發展戰略與經濟改革 [M]. 上

海：上海三聯書店，1994.

[30] 劉達禹，劉金全.人民幣實際匯率波動與中國產業結構調整——價定律偏離還是相對價格波動[J].國際貿易問題，2015（5）：154-165.

[31] 劉仕國，吳海英.利用全球價值鏈促進產業升級[J].國際經濟評論，2015（1）：64-84.

[32] 劉宇.外商直接投資對中國產業結構影響的實證分析——基於面板數據模型的研究[J].南開經濟研究，2007（1）：125-134.

[33] 劉宇，姜波克.匯率變動與經濟增長方式的轉換——基於結構優化的視角[J].國際金融研究，2008（10）：45-50.

[34] 劉志彪.為實現現代化打下堅實產業基礎[N].人民日報，2016-08-25（7）.

[35] 盧萬青，袁申國.人民幣匯率對中國產業結構影響的實證研究[J].經濟問題探索，2009（11）：57-62.

[36] 索洛.經濟增長理論：一種解說[M].上海：上海人民出版社，1994.

[37] 羅長遠，張軍.附加值貿易：基於中國的實證分析[J].經濟研究，2014（6）：4-18.

[38] 莫濤.匯率變動、產品附加值和內涵經濟增長[J].國際金融研究，2007（1）：58-62.

[39] 尚濤.全球價值鏈與中國製造業國際分工地位研究——基於增加值貿易與Koopman分工地位指數的比較分析[J].經濟學家，2015（4）：91-100.

[40] 盛斌，張運婷.全球價值鏈視角下的中國國際競爭力：基於任務與產品實際有效匯率的研究[J].世界經濟研究，2015（2）：43-51.

[41] 盛梅，袁平，趙洪斌.有效匯率指數編製的國際經驗研究與借鑑[J].國際金融研究，2011（9）：51-57.

[42] 孫霄翀，劉士餘，宋逢明.匯率調整對外商直接投資的影響——基於理論和實證的研究[J].數量經濟技術經濟研究，2006（8）：68-77.

[43] 孫曉華，王昀.對外貿易結構帶動了產業結構升級嗎？——基於半對數模型和結構效應的實證檢驗[J].世界經濟研究，2013（1）：15-21.

[44] 孫咏梅，祝金甫.匯率低估與中國經濟結構調整[J].財經問題研究，2005（4）：62-66.

[45] 譚小芬，姜媌媌.人民幣匯率升值的產業結構調整效應——基於

VAR 模型的實證研究［J］. 宏觀經濟研究，2012（3）：48-55.

［46］涂正革，肖耿. 中國經濟的高增長能否持續：基於企業生產率動態變化的分析［J］. 世界經濟，2006（2）：3-10.

［47］王愛華，李秀敏，劉力臻. 基於人民幣實際有效匯率指數的貨幣籃子分析［J］. 世界經濟研究，2013（7）：21-25.

［48］王保林. 產業升級是沿海地區勞動密集型產業發展的當務之急［J］. 經濟學動態，2009（2）：32-36.

［49］王嵐. 融入全球價值鏈對中國製造業國際分工地位的影響［J］. 統計研究，2014（5）：17-23.

［50］王嵐. 全球價值鏈分工背景下的附加值貿易：框架、測度和應用［J］. 經濟評論，2013（3）：150-160.

［51］王松奇，徐虔. 人民幣實際有效匯率變動對產業結構影響路徑的實證研究［J］. 中央財經大學學報，2015（5）：26-31.

［52］魏浩，王聰. 附加值統計口徑下中國製造業出口變化的測算［J］. 數量經濟技術經濟研究，2015（6）：105-119.

［53］吳敬璉. 中國增長模式抉擇［M］. 增訂版. 上海：上海遠東出版社，2008.

［54］謝杰. 人民幣實際匯率升值對中國經濟各產業的影響——基於可計算一般均衡模型（CGE）的分析［J］. 首都經濟貿易大學學報，2010（3）：29-36.

［55］徐偉呈，範愛軍. 人民幣實際有效匯率變動的中國產業結構升級效應［J］. 世界經濟研究，2012（6）：9-15.

［56］徐濤，萬解秋，丁匡達. 人民幣匯率調整與製造業技術進步［J］. 世界經濟，2013（5）：69-87.

［57］斯密. 國民財富的性質和原因的研究：上、下卷［M］. 北京：商務印書館，2002.

［58］楊帆，陳明生，董繼華，等. 人民幣升值壓力根源探究［J］. 管理世界，2004（9）：33-44.

［59］楊盼盼，李曉琴，徐奇淵. 基於增加值的有效匯率：中國數據與事實［J］. 中國社會科學院世界經濟與政治研究所工作論文系列，2014（5）.

［60］於津平. 匯率變化如何影響外商直接投資［J］. 世界經濟，2007（4）：54-65.

［61］餘淼杰，王賓駱. 對外改革，對內開放，促進產業升級［J］. 國際

經濟評論, 2014 (2): 49-61.

[62] 袁欣. 中國對外貿易結構與產業結構:「鏡像」與「原像」的背離 [J]. 經濟學家, 2010 (6): 67-73.

[63] 張斌. 人民幣真實匯率: 概念、測量與解析 [J]. 經濟學 (季刊), 2005 (2): 317-334.

[64] 張定勝, 劉洪愧, 楊志遠. 中國出口在全球價值鏈中的位置演變——基於增加值核算的分析 [J]. 財貿經濟, 2015 (11): 114-130.

[65] 張亞斌. 所有制結構與產業結構的耦合研究 [M]. 長沙: 湖南人民出版社, 2000.

[66] 趙昌文, 許召元, 朱鴻鳴. 工業化後期的中國經濟增長新動力 [J]. 中國工業經濟, 2015 (6): 44-54.

[67] 鐘昌標. 外貿對區域產業結構演進的效應 [J]. 數量經濟技術經濟研究, 2000 (10): 18-20.

[68] 中國社會科學院工業經濟研究所課題組.「十二五」時期工業結構調整和優化升級研究 [J]. 中國工業經濟, 2010 (1): 5-23.

[69] 周升起, 蘭珍先, 付華. 中國製造業在全球價值鏈國際分工地位再考察——基於 Koopman 等的「GVC 地位指數」[J]. 國際貿易問題, 2014 (2): 3-12.

[70] AGHION P, BACCHETTA P. Exchange Rate Volatility and Productivity Growth: The Role of Financial Development [J]. Journal of Monetary Economics, 2009, 56 (4): 494-513.

[71] AGHION P, HOWITT P. A Model of Growth Through Creative Destruction [J]. Econometrica, 1992, 60 (2): 323-351.

[72] AKAMATSU K. The Synthetic Principles of the Economic Development of Our Country [J]. Journal of Economy, 1932 (6): 179-220.

[73] ALEXANDER S S. Effects of a Devaluation on a Trade Balance [J]. IMF Economic Review, 1952, 2 (2): 263-278.

[74] ÁLVAREZ R, LÓPEZ R A. Skill Upgrading and the Real Exchange Rate [J]. World Economy, 2009, 32 (8): 1165-1179.

[75] AMITI M, WAKELIN K. Investment Liberalization and International Trade [J]. Journal of International Economics, 2003, 61 (1): 101-126.

[76] ARISTOTELOUS K. Exchange Rate Volatility, Exchange Rate Regime, and Trade Volume: Evidence from the UK-US Export Function (1889—1999) [J].

Economics Letters, 2001, 72 (1): 87-94.

[77] ARMINGTON P S. A Theory of Demand for Products Distinguished by Place of Production [R]. IMF Staff Papers, 1969: 159-178.

[78] BACCHETTA P, VAN WINCOOP E. Does Exchange-Rate Stability Increase Trade and Welfare? [J]. American Economic Review, 2000, 90 (5): 1093-1109.

[79] BALASSA B. The Purchasing-Power Parity Doctrine: A Reappraisal [J]. Journal of Political Economy, 1964, 72 (6): 584-596.

[80] BARON D P. Fluctuating Exchange Rates and the Pricing of Exports [J]. Economic Inquiry, 1976, 14 (3): 425-438.

[81] BAYOUMI T, LEE J, JAYANTHI S. New Rates from New Weights [R]. IMF Working Paper, 2005.

[82] BEMS R, JOHNSON R C. Value-Added Exchange Rate: NO. 18498 [R]. NBER Working Paper, 2012.

[83] BÉNASSY-QUÉRÉ A, FONTAGNÉ L, LAHRÈCHE-RÉVIL A. Exchange-Rate Strategies in the Competition for Attracting Foreign Direct Investment [J]. Journal of the Japanese and International Economics, 2001, 15 (2): 178-198.

[84] BENHIMA K. Exchange Rate Volatility and Productivity Growth: The Role of Liability Dollarization [J]. Open Economies Review, 2012, 23 (3): 501-529.

[85] BERGSTRAND J H. Structural Determinants of Real Exchange Rates and National Price Levels: Some Empirical Evidence [J]. American Economic Review, 1991, 81 (1): 325-334.

[86] BLONIGEN B A. Firm-Specific Assets and the Link between Exchange Rates and Foreign Direct Investment [J]. American Economic Review, 1997, 87 (3): 447-465.

[87] CAMPA J M, GOLDBERG L S. Employment versus Wage Adjustment and the U. S. Dollar [J]. Review of Economics and Statistics, 2001, 83 (3): 477-489.

[88] CAVES D W, CHRISTENSEN L R, DIEWERT W E. Multilateral Comparisons of Output, Input, and Productivity Using Superlative Index Numbers [J]. Economic Journal, 1982, 92 (365): 73-86.

[89] CAVES D W, CHRISTENSEN L R, DIEWERT W E. The Economic The-

ory of Index Numbers and the Measurement of Input, Output, and Productivity [J]. Econometrica, 1982, 50 (6): 1393-1414.

[90] CAVES R E. Multinational Firms, Competition, and Productivity in Host-Country Markets [J]. Economica, 1974, 41 (162): 176-193.

[91] CHENERY H B, STROUT A M. Foreign Assistance and Economic Development [J]. American Economic Review, 1966, 56 (4): 679-733.

[92] CHENERY H B, SYRQUIN M. Patterns of Development: 1950—1970 [M]. London: Oxford University Press, 1975.

[93] CHOU W L. Exchange Rate Variability and China's Exports [J]. Journal of Comparative Economics, 2000, 28 (1): 61-79.

[94] CHOWDHURY A R. Does Exchange Rate Volatility Depress Trade Flows? Evidence from Error-Correction Models [J]. Review of Economics and Statistics, 1993, 75 (4): 700-706.

[95] CLARK C. The Conditions of Economic Progress [M]. London: Macmillan & Co. Ltd, 1940.

[96] COURCHENE T J, HARRIS R G. From Fixing to Monetary Union: Options for North American Currency Integration [R]. C. D. Howe Institute Commentary, 1999.

[97] COX W M. A New Alternative Trade-Weighted Dollar Exchange Rate Index [J]. Economic and Financial Policy Review, 1986 (9): 20-28.

[98] CUSHMAN D O. Real Exchange Rate Risk, Expectations, and the Level of Direct Investment [J]. Review of Economics and Statistics, 1985, 67 (2): 297-308.

[99] DAUDIN G, RIFFLART C, SCHWEISGUTH D. Who Produces for Whom in the World Economy [J]. The Canadian Journal of Economics, 2011, 44 (4): 1403-1437.

[100] DAVIS D R. The Home Market, Trade, and Industrial Structure [J]. American Economic Review, 1998, 88 (5): 1264-1276.

[101] DUBAS J M, LEE B J, MARK N C. Effective Exchange Rate Classifications and Growth: No. 11272 [R]. NBER Working Paper, 2005.

[102] ELHORST J P. Specification and Estimation of Spatial Panel Data Models [J]. International Regional Science Review, 2003, 26 (3): 244-268.

[103] European Commission, International Monetary Fund, Organisation for

Economic Cooperation, et al. System of National Accounts 2008 [M]. New York: United Nations, 2008.

[104] FÄRE R, GROSSKOPF S, NORRIS M, et al. Productivity Growth, Technical Progress, and Efficiency Change in Industrialized Countries [J]. American Economic Review, 1994, 84 (1): 66-83.

[105] FELDSTEIN M, BACCHETTA P. How Far Has the Dollar Fallen? [J]. Business Economics, 1987, 22 (4): 35-39.

[106] FISHWICK F. Multinational Companies and Economic Concentration in Europe [M]. Aldershot: Gower Publishing Company, 1981.

[107] FLOOD R P, GARBER P M. Collapsing Exchange-Rate Regimes: Some Linear Examples [J]. Journal of International Economics, 1984, 17 (1-2): 1-13.

[108] FRANKEL J A, ROMER D. Does Trade Cause Growth? [J]. American Economic Review, 1999, 89 (3): 379-399.

[109] FROOT K A, STEIN J C. Exchange Rates and Foreign Direct Investment: An Imperfect Capital Markets Approach [J]. Quarterly Journal of Economics, 1991, 106 (4): 1191-1217.

[110] FUNG L. Large Real Exchange Rate Movements, Firm Dynamics, and Productivity Growth [J]. Canadian Journal of Economics, 2008, 41 (2): 391-424.

[111] FUNG L, LIU J T. The Impact of Real Exchange Rate Movements on Firm Performance: A Case Study of Taiwanese Manufacturing Firms [J]. Japan and the World Economy, 2009, 21 (1): 85-96.

[112] FUNK M. The Effects of Trade on Research and Development [J]. Open Economies Review, 2003, 14 (1): 29-42.

[113] GARBER P M, SVENSSON L E O. The Operation and Collapse of Fixed Exchange Rate Regimes [J]. Handbook of International Economics, 1995, 3 (5): 1865-1911.

[114] GEREFFI G, HUMPHREY J, STURGEON T. The Governance of Global Value Chains [J]. Review of International Political Economy, 2005, 12 (1): 78-104.

[115] GEREFFI G. International Trade and Industrial Upgrading in the Apparel Commodity Chain [J]. Journal of International Economics, 1999, 48 (1): 37-70.

[116] GOLDBERG L S. Industry-Specific Exchange Rates for the United States [J]. Economic Policy Review, 2004, 10 (1): 1-16.

[117] GOLDBERG L S, KLEIN M W. Foreign Direct Investment, Trade and Real Exchange Rate Linkages in Developing Countries: No. 6344 [R]. NBER Working Paper, 1997.

[118] GORECKI P K. The Determinants of Entry by Domestic and Foreign Enterprises in Canadian Manufacturing Industries: Some Comments and Empirical Results [J]. Review of Economics and Statistics, 1976, 58 (4): 485-488.

[119] GREGORY A, MCCORRISTON S. Foreign Acquisitions by UK Limited Companies: Short and Long-Run Performance [J]. Journal of Empirical Finance, 2005, 12 (1): 99-125.

[120] GROSSE R, TREVINO L J. Foreign Direct Investment in the United States: An Analysis by Country of Origin [J]. Journal of International Business Studies, 1996, 27 (1): 139-155.

[121] HARRIS R G. Is There a Case for Exchange Rate Induced Productivity Changes?: No. 0110[R]. Canadian Institute for Advanced Research, 2001.

[122] HOOPER P, KOHLHAGEN S W. The Effect of Exchange Rate Uncertainty on the Prices and Volume of International Trade [J]. Journal of International Economics, 1978, 8 (4): 483-511.

[123] HUMMELS D, ISHII J, YI K M. The Nature and Growth of Vertical Specialization in World Trade [J]. Journal of International Economics, 2001, 54 (1): 75-96.

[124] HUMPHREY J, SCHMITZ H. Governance in Global Value Chains [J]. IDS Bulletin, 2001, 32 (3): 19-29.

[125] HUNYA G. Restructuring through FDI in Romanian Manufacturing [J]. Economic Systems, 2002, 26 (4): 387-394.

[126] HUSAIN A M, MODY A, ROGOFF K S. Exchange Rate Regime Durability and Performance in Developing versus Advanced Economies [J]. Journal of Monetary Economics, 2005, 52 (1): 35-64.

[127] JEANNENEY S G, HUA P. How Does Real Exchange Rate Influence Labour Productivity in China? [J]. China Economic Review, 2011, 22 (4): 628-645.

[128] JEANNENEY S G, HUA P. Real Exchange Rate and Productivity in China [C]. International Conference of The efficiency of China's Economic Policy, 2003.

[129] JEANNERET A. Does Exchange Rate Volatility Really Depress Foreign Direct Investment in OECD Countries [R]. Switzerland: International Center for Financial Asset Management & Engineering, 2005.

[130] JENSEN C. Foreign Direct Investment, Industrial Restructuring and the Upgrading of Polish Exports [J]. Applied Economics, 2002, 34 (2): 207-217.

[131] KAPLINSKY R, MORRIS M. A Handbook for Value Chain Research [R]. Ottawa: International Development Research Centre, 2001.

[132] KAPLINSKY R, MORRIS M. A Handbook for Value Chain Research [R]. Ottawa: International Development Research Centre, 2006.

[133] KAPLINSKY R, READMAN J. Globalization and Upgrading: What can (and Cannot) be Learnt from International Trade Statistics in the Wood Furniture Sector [J]. Industrial and Corporate Change, 2005, 14 (4): 679-703.

[134] KIPPENBERG E. Sectoral Linkages of Foreign Direct Investment Firms to the Czech Economy [J]. Research in International Business and Finance, 2005, 19 (2): 251-265.

[135] KLAU M, FUNG S S. The new BIS effective exchange rate indices [J]. BIS Quarterly Review, 2006 (3).

[136] KLEIN M W. Sectoral Effects of Exchange Rate Volatility on United States Exports [J]. Journal of International Money and Finance, 1990, 9 (3): 299-308.

[137] KOHLHAGEN S W. Exchange Rate Changes, Profitability, and Direct Foreign Investment [J]. Southern Economic Journal, 1977, 44 (1): 43-52.

[138] KOJIMA K. Direct Foreign Investment: A Japanese Model of Multinational Business operation [M]. London: Croom Helm, 1978.

[139] KOOPMAN R, POWERS W, WANG Z, et al. Give Credit Where Credit is Due: Tracing Value Added in Global Production Chains: No. 16426 [R]. NBER Working Paper, 2010.

[140] KOOPMAN R, WANG Z, WEI S J. How Much of Chinese Exports Is Really Made in China? Assessing Domestic Value-Added When Processing Trade is Pervasive: No. 14109 [R]. NBER Working Paper, 2008.

[141] KOOPMAN R, WANG Z, WEI S J. Tracing Value-added and Double Counting in Gross Exports: No. 18579 [R]. NBER Working Paper, 2012.

[142] KOOPMAN R, WANG Z, WEI S J. Estimating Domestic Content in Ex-

ports When Processing Trade Is Pervasive [J]. Journal of Development Economics, 2012, 99 (1): 178-189.

[143] KRUGMAN P, COOPER R N, SRINIVASAN T N. Growing World Trade: Causes and Consequences [J]. Brookings Papers on Economic Activity, 1995, 26 (1): 327-377.

[144] KRUGMAN P. Differences in Income Elasticities and Trends in Real Exchange Rates [J]. European Economic Review, 1989, 33 (5): 1031-1046.

[145] LEJOUR A, ROJAS-ROMAGOSA H, VEENENDAAL P. The Origins of Value in Global Production Chains [R]. European Commission, 2012.

[146] LEUNG D, YUEN T. Do Exchange Rates Affect the Capital-Labour Ratio? Panel Evidence from Canadian Manufacturing Industries [J]. Applied Economics, 2009, 42 (20): 2519-2535.

[147] MAKIN T, ROBSON A. Comparing Capital and Trade-Weighted Measures of Australia's Effective Exchange Rate [J]. Pacific Economic Review, 1999, 4 (2): 203-214.

[148] MARSHALL A. Money, Credit, and Commerce [M]. New York: Prometheus Books, 2003.

[149] METZLER L A. Theory of International Trade [M]. Philadelphia: Bladiston, 1948.

[150] MUNDELL R A. The Appropriate Use of Monetary and Fiscal Policy Under Fixed Exchange Rates [R]. IMF Staff Papers, 1962: 70-79.

[151] MYINT H. The「Classical Theory」of International Trade and the Underdeveloped Countries [J]. Economic Journal, 1958, 68 (270): 317-337.

[152] OYAMA D, SATO Y, TABUCHI T, et al. On the Impact of Trade on the Industrial Structures of Nations [J]. International Journal of Economic Theory, 2011, 7 (1): 93-109.

[153] PARK A, NAYYAR G, LOW P. Supply Chain Perspectives and Issues: A Literature Review [R]. World Trade Organization and Fung Global Institute, 2013.

[154] PORTER M E. The Competitive Advantage of Nations [M]. New York: The Free Press, 1990.

[155] RODRIK D. The Real Exchange Rate and Economic Growth [J]. Institute for International Economics, 1945, 8 (2): 365-439.

[156] RODRIK D. What's So Special about China's Exports? [J]. China &

World Economy, 2006, 14 (5): 1-19.

[157] SAITO M, RUTA M, TURUNEN J. Trade Interconnectedness: The World with Global Value Chains [R]. IMF Policy Paper, 2013.

[158] SAMUELSON P A. Theoretical Notes on Trade Problems [J]. Review of Economics and Statistics, 1964, 46 (2): 145-154.

[159] SCHMITZ H, HUMPHREY J. Governance and Upgrading: Linking Industrial Cluster and Global Value Chain Research: No. 120 [R]. IDS Working Paper, 2000.

[160] SCHOTT P K. The Relative Sophistication of Chinese Export [J]. Economic Policy, 2008, 23 (1): 5-49.

[161] SERCU P, VANHULLE C. Exchange Rate Volatility, International Trade, and the Value of Exporting Firms [J]. Journal of Banking & Finance, 1992, 16 (1): 155-182.

[162] SYRQUIN M, CHENERY H B. Three Decades of Industrialization [J]. World Bank Economic Review, 1989, 3 (2): 145-181.

[163] TANG Y. Does Productivity Respond to Exchange Rate Appreciations? A Theoretical and Empirical Investigation [C] // The 68th International Atlantic Economic Conference Working Paper. [s. l.: s. n.], 2009.

[164] THEIL H. Economics and Information Theory [M]. Amsterdam: North Holland, 1967.

[165] THORBECKE W. Investigating the Effect of Exchange Rate Changes on China's Processed Exports [J]. Journal of the Japanese and International Economies, 2011, 25 (2): 33-46.

[166] TIMMER M P, ERUMBAN A A, LOS B, et al. Slicing Up Global Value Chains [J]. Journal of Economic Perspectives, 2014, 28 (2): 99-118.

[167] TURNER P, VAN'T DACK J. Measuring International Price and Cost Competitiveness: No. 39 [R]. BIS Economic Papers, 1993.

[168] VERNON R. International Investment and International Trade in the Product Cycle [J]. Quarterly Journal of Economics, 1966, 80 (2): 190-207.

[169] ZIETZ J, FAYISSA B. The Impact of Exchange Rate Changes on Investment in Research and Development [J]. Quarterly Review of Economics and Finance, 1994, 34 (2): 195-211.

後記

　　本書的選題主要源於博士學習期間對人民幣匯率問題和產業升級問題的重點考察，以及現實中對中國面臨的產業升級問題的長期關注。研究過程中，對世界投入產出數據的整理和計算是本書的重點之一，為此，本人主要運用MATLAB等軟件進行了相關的有益探索，並通過STATA、EXCEL等軟件新的編程方法的進一步探索，對基於增加值的人民幣實際有效匯率進行測算。通過研究，從人民幣實際有效匯率本身的構成要素出發，形成與中國產業升級相適應的匯率制度，以及對匯率在適度升值過程中產生的負面影響進行最大限度的消除，制定與中國產業升級相適應的產業政策，是本書提出的主要政策建議。

　　從世界形勢來看，隨著人民幣加入SDR，人民幣匯率問題必將受到更為廣泛的關注，中國也應為維護世界經濟穩定發展發揮更為重要的作用。同時，產業升級作為國家關注的重點問題，除了本書所研究的問題外，還有哪些值得深入挖掘的潛力，以及人民幣在逐步走向國際化的過程中與產業升級的互動關係，是本人今後在工作、學習過程中需要繼續深入研究的課題。此外，在本書的寫作過程中，也發現了存在的不足以及可以進一步研究的話題和角度。在今後的學習和工作中，希望能夠通過仔細的研究和廣泛的討論，尋找到更多有價值的突破點和創新點。

　　在這裡，首先要向我的博士生導師———林桂軍教授致以最誠摯的感謝。通過與林教授的悉心交流，我在研究過程中的疑問和困惑逐一得到解答，我的研究思路得以清晰，研究進程逐漸加快。同時，霍偉東教授對我們共同研究的課題給予了大力的幫助，對本書的觀點進行了指導和補充。在與霍教授的交流中我得到了新思維的啟迪，在此向霍偉東教授致以衷心的感謝。

陳麗麗教授、逯建教授、李娟副教授、梁春燕博士，在前期的文獻搜集、整理以及研究工具的使用方面給予我莫大的幫助。王珏教授、孫楚仁教授、姚星教授、黃載曦教授、蔣為副教授、李雨濃副教授、周茂博士、徐麗鶴博士、呂小鋒博士和王喜超博士，對本書的具體觀點以及修改完善提出了寶貴的意見和建議，這種鞭策使我嚴謹對待這本書的寫作，在此對他們表示深深的感謝。李東坤、姬振天、龔靜、鄧富華、舒杏、李萍等也在本書的寫作過程中提供了支持，在此一併表示感謝。

　　出版社一直關心本書的出版工作，其細緻的編校使本書的結構更加合理、措辭更加準確，在此向其表示敬意。書中難免有紕漏之處，敬請廣大讀者批評指正！

劉飛宇

國家圖書館出版品預行編目（CIP）資料

人民幣匯率變動對中國產業升級的影響研究 / 劉飛宇 著. -- 第一版.
-- 臺北市：財經錢線文化, 2019.05
　　面；　公分
POD版

ISBN 978-957-680-325-3(平裝)

1.人民幣 2.匯率變動 3.中國

563.292　　　　　　　　　　　　　　　　108006728

書　　名：人民幣匯率變動對中國產業升級的影響研究
作　　者：劉飛宇 著
發 行 人：黃振庭
出 版 者：財經錢線文化事業有限公司
發 行 者：財經錢線文化事業有限公司
E-mail：sonbookservice@gmail.com
粉絲頁：　　　　　網址：
地　　址：台北市中正區重慶南路一段六十一號八樓815室
8F.-815, No.61, Sec. 1, Chongqing S. Rd., Zhongzheng
Dist., Taipei City 100, Taiwan (R.O.C.)
電　　話：(02)2370-3310 傳　真：(02) 2370-3210
總 經 銷：紅螞蟻圖書有限公司
地　　址：台北市內湖區舊宗路二段 121 巷 19 號
電　　話:02-2795-3656 傳真:02-2795-4100　網址：
印　　刷：京峯彩色印刷有限公司（京峰數位）

　本書版權為西南財經大學出版社所有授權崧博出版事業股份有限公司獨家發行電子書及繁體書繁體字版。若有其他相關權利及授權需求請與本公司聯繫。

定　　價：299元
發行日期：2019 年 05 月第一版
◎ 本書以 POD 印製發行